Googleが仕掛けた罠

杉浦隆幸
Sugiura Takayuki

小学館新書

はじめに

あなたのスマホもパソコンも、個人情報を垂れ流している

現代の日常生活やビジネスにおいて、欠かすことのできない道具となっているスマートフォンやパソコン。どちらもまったく使ったことがないという人は、おそらくほとんどいないはずです。

そして多くの人が、スマホやパソコンにさまざまな情報を保存していることでしょう。友人や仕事関係の連絡先、メールのやりとり、撮影した写真や動画、音楽、書類などなど……。スマホやパソコンは、「あなた」という人物にまつわる情報を膨大に蓄えた、いわば個人情報の塊です。

もしこうした情報が、自分以外の誰かに見られてしまったとしたら……。想像するだけ

で恐ろしいことですが、ある芸能人どうしのLINE《ライン》のやりとりが漏れ、それがきっかけでふたりの不倫が発覚した出来事を覚えている人も多いのではないでしょうか。

この出来事は、けっして「対岸の火事」ではありません。もちろん、芸能人や政治家、有名なスポーツ選手でもなければ、「あなた」という人物にまつわる情報が、メディアを通じて大きく報じられるようなことはないでしょうが、スマホやパソコンを使うだけで、「あなた」に関する情報は否応《いやおう》なく漏れているのです。

スマホのアプリやパソコンに表示される広告のことを思い出してみてください。「あなた」がついさっき検索し、閲覧したウェブサイトに関連する情報が、広告に表示されていてドキッとしたことはないでしょうか。

旅行がしたいとネットでいろいろ調べていたら、ふと訪ねたウェブサイトの広告に格安航空券の広告が表示されたり、ダイエットについて調べていたらフィットネスジムや健康器具の広告が表示されたり……。

じつはこれ、「あなた」のネット上での行動が筒抜けになっているという証明です。

スマホのアプリを使い、パソコンで何かを検索する。あるいはあちこちのウェブサイトを見たり、メールやSNS（ソーシャル・ネットワーキング・サービス）を使ったり、動画を見たり買いものをしたりすると、そうした行動履歴は、スマホやパソコンの本体だけでなく、インターネット上でいろいろな国の、いろいろな会社の、いろいろなところに保存されます。スマホやパソコンが「あなた」という人物にまつわる情報を膨大に蓄えているのみならず、それらを使うと、「あなた」の行動に関する情報は、知らないうちに発信されているのです。

でも、「自分の情報を勝手に使うなんてけしからん！」と憤るのはお門違い。「グーグル（Google）」のお世話になっている人は多いでしょうが、トップページの下のほうに、小さく書かれた「プライバシー」と「規約」についてじっくり読んだことがある人はどれほどいるでしょうか。こうした規約をきちんと読むのは1000人に1人程度という調査データもあり、ほとんどの人が面倒がって読まずにサービスを利用しているのが現実でしょう。が、そこには、検索履歴の情報をグーグルが利用することを許諾する旨の記述があります。「フェイスブック（Facebook）」も同様です。ユーザー登録の際に問われる規約には、フェイスブック内での行動履歴や友人関係の情報を、フェイスブックや第三者が利用することを許諾する旨の記述があります。あなたがフェイスブックを使っているとしたら、それはその規約に同意したからにほかなりません。

つまり、「あなた」の情報がネット上でダダ漏れているとすると、それはほかならぬ「あなた」が、自ら招いたことなのです。

なお、日本の情報通信行政を司《つかさど》る総務省の指針には、インターネット上のサービスを提供するにあたり、ユーザーから収集する情報については、「利用規約」や「プライバシーポリシー」で明確にすべきであることが謳《うた》われていますが、それに対する罰則規定はありません。また、グーグルもフェイスブックも、ユーザーから集めた情報を両社がなんらかの目的で利用することを、規約やプライバシーポリシーではっきりと記しているわけで（それがわかりやすい文章で記されているかは、また別の話ですが）、総務省の指針にも十分適合していると言えます。

法律もテクノロジーもあなたを守ってくれない

さまざまな調査によれば、スマホやパソコンを使うだけで情報がダダ漏れていることを意識している人はごく一部に限られます。そして、情報漏洩《ろうえい》に敏感な人でも、その人が思っている以上に情報が漏れているというのが現実です。

ましてや今後、「マイナンバー制度」の運用が本格的に開始されます。市区役所や税務署でバラバラに管理されていた個人情報を、簡単に把握できるようにするもので、さまざまな手続きが簡素化されて利便性が向上する、と謳われていますが、一方で管理が杜撰《ずさん》だと、リスクは想像もつかないほど大きくなります。

スマホもパソコンも、情報化社会においては欠かせない存在になっていますが、一見、無料で得られるサービスでも、必ずなんらかのかたちで、誰かが代償を支払う必要があります。さまざまな情報を机の前で、あるいは手のひらの上で得られる利便性の裏側には、自分の情報がダダ漏れるリスクが潜んでいるのです。そのことを自覚しておくことが、情報漏洩時代を生き抜くために必要な第一歩だといえるでしょう。

本書はさらに、企業や団体の情報漏洩問題、国家レベルのサイバー戦争、そしてサイバー空間で起きている犯罪についても紹介していきます。

一見、これらは「あなた」には関係ない話のように思われるかもしれません。しかし、

「あなた」宛の、なんの変哲もないメールが、企業や国家を揺るがす大問題の予兆かもしれないのです。電子的にデータが飛び交うサイバー空間では、個人、企業、国家の壁など簡単に越えてしまいます。

私は専門家として、情報漏洩のさまざまなケースを見てきました。そこで痛感するのは、企業も個人も、自身の持つ情報や価値に対してセキュリティ意識が足りないことです。奪われたり、流出したりして初めて、それがいかに大切なものだったか、気がつくのです。

情報漏洩事件の解決や、国や企業の情報セキュリティの改善に数多く携わってきた私の知識と経験が、みなさんの危機意識を高めるお役に立つなら、こんなにうれしいことはありません。

Googleが仕掛けた罠

目次

編集協力　萱原正嗣
本文DTP　若松 隆（株式会社ワイズファクトリー）

第1章

あなたの情報はこんなに漏れている

グーグルは「IT企業」ではない

日本でインターネットを使用するにあたり、グーグルを利用したことがないという人はおそらくいないでしょう。その代表的なサービスは、ご存じ検索エンジンです。日本においては「ヤフー（Yahoo!）」も根強い人気を保っていますが、ヤフーも中身はグーグルの検索エンジンを使っています。

グーグルはほかにも、メールサービスの「Gメール《ジー》（Gmail）」、スケジュール管理サービスのグーグルカレンダー、地図サービスのグーグルマップ、動画サービスの「ユーチューブ（YouTube）」、ウェブブラウザの「クローム（Chrome）」、スマートフォンOSの「アンドロイド（Android）」など、さまざまなサービスを提供しています。

こうしたサービスは利用者にとってとても便利です。さらに無料で利用できるわけですから、これほど優れたサービスはないと思っている人も大勢いることでしょう。いまやグーグル抜きではインターネットを語れない――と言っていいほど、重要な存在になっています。

これらのサービスを、グーグルが無料で提供するのは誰のためでしょうか？

あるいは、なぜそんなことが可能なのでしょうか？

利用者のため、と思っているようでは、グーグルという企業の本質を見誤ります（なお、2015年10月、グーグル社は組織改編を行い、Alphabet《アルファベット》という持株会社を設立、その子会社になりました）。世の中のあらゆるサービスや事業は、それにかかるコスト以上のリターンを得なければ継続していくことができません。ましてグーグル社は利益追求を是とする株式会社ですから、利益を出すことを株主から要求されます。無料でサービスを提供しているだけでは、利益はおろか、企業の存続さえ危うくなります。

ではグーグル社が何から収益を上げているのか、財務諸表から読み解くと、売り上げや利益のほとんどを広告関連事業から得ています。検索結果を表示するページやGメールの受信箱、ユーチューブの動画の前や途中など、グーグルが提供するサービスのあちこちで広告が目につきます。グーグルはこれらを「広告媒体」として使い、広告主（広告出稿者）に販売しているのです。

グーグルは同時に、「広告代理店」のようなサービスも展開しています。ウェブのニュースサイトやブログで、さまざまな広告枠を見かけることと思いますが、その広告枠も、多くはグーグルが仲介するかたちで広告主（広告出稿者）に販売しています。さまざまな人が訪れるウェブページ（媒体）と、広告を出したい広告主をマッチングしているのです。

さらに、グーグルは世界各国のネット広告企業とのあいだでネットワークを構成し、他の広告代理店が持っている広告枠にも、グーグルの広告を出せる仕組みを提供するなど、じつに広範囲にインターネット広告事業に携わっています。

こうした広告関連事業から得られる収入が、グーグルという巨大企業の屋台骨を支えています。つまりグーグルは、「ＩＴ企業」というよりも、「ＩＴを駆使した広告企業」と呼んだほうが適切なのです。

ユーザーの情報をカネに換える

グーグルが広告から収益を上げる仕組みは後ほど紹介しますが、グーグルの売り上げを支える本当の意味での「顧客」は、検索エンジンやＧメール、グーグルマップなどの無料で利用可能なサービスを使うユーザーではなく、グーグルに広告料を支払う広告主です。

もちろん、世界で数十億人ともいわれる膨大な数のグーグルユーザーが、広告主にとってのグーグルの価値を高めているわけですが、広告主は、単にグーグルユーザーの数が多いということに価値を見出しているのではありません。

インターネット以前なら、多くの人の目に触れる場所や媒体ほど、「広告枠」として高く売れると相場が決まっていました。視聴率の高いテレビ番組、人が大勢行き交う場所、乗車率の高い公共交通機関など……。インターネットの世界における広告も、初期は大勢の人が訪れるページ、すなわち人気のあるサイトが「広告枠」として高く売れていました。

ただ、不特定多数に向けた広告は、成約率はどうしても低くなります。たとえば、女性向けのエステの広告を、40代の男性に見せてもあまり広告効果は期待できません（なかには、奥さんや恋人にプレゼントするということもあるかもしれませんが……）。

それが従来型の広告の限界でしたが、グーグルはインターネット広告のあり方を一変させました。ユーザーの興味や関心に応じて、表示する広告をダイナミックに変動させることにより、数十億人のユーザーに対して、きめこまやかな広告を提供できるようになったのです。それが広告主には大きな価値となり、グーグルの広告事業の大きな収益につながっています。

言葉を換えれば、グーグルは、自社が無料でサービスを提供するのと引き換えに、ユーザーからさまざまな情報を吸い上げ、それを広告主に提供していると言えます。検索情報やGメールの本文、グーグルマップから得られるユーザーの位置情報（つまり、リアルな行動情報です）など、ユーザーから得た情報にもとづいて、表示する広告を「最適化」することにより、グーグルは広告事業収入を上げているのです。

言ってみればユーザーの情報をカネに換えているわけです。

検索履歴を収集していることくらいなら聞いたことがある人が多いでしょうが、メールの内容や位置情報まで監視されていることまでは知らなかった、という方もいるでしょう。しかし、前述のとおり、グーグルの利用規約やプライバシーポリシーには、そう明記されています。つまり、グーグルのサービスを利用するのであれば、情報がダダ漏れるのはある程度覚悟しておく必要があるのです。もちろん、情報が漏れるのを軽減させる方法がないわけではありません。それについては後ほど触れましょう。

フェイスブックも危ない⁉

フェイスブックとグーグル、両社はユーザーの情報を利用している点では同様ですが、フェイスブックが「顧客」である広告主に提供する情報は、グーグルのそれよりも、ユーザーの実像に近いと言えます。つまり、グーグルよりもっと情報を漏らしていると言えるのです。

それというのも、フェイスブックはユーザーに「実名登録」を求めていますし、生年月日や居住地、学歴に職歴、交友関係などの情報も登録が推奨されています。これらを明らかにすることで、友だちを探しやすくなったり、共通の趣味を持つ仲間を増やしたりすることができるのです。

ということは、それらの情報がフェイスブックに筒抜けになっていることを意味します。フェイスブックは、それをマーケティング情報として第三者の企業に提供し、フェイスブックページ内の広告枠に広告を表示して収益を上げているのです。

でも、もちろん勝手にやっているわけではありません。こうしたことも、フェイスブックの利用規約やプライバシーポリシーにはっきりと書かれています。

さらに、フェイスブックの規約によると、投稿された情報は公開範囲にかかわらず、フェイスブック自身や第三者が好きなように使っていいことになっています。交友関係をまとめた名簿を勝手に販売されても、「友達限定」で公開した情報を誰かに使われても、特定の友人とのあいだでやりとりしたメッセージの内容をフェイスブックにどう使われても文句は言えません。それが嫌なら、フェイスブックを使わないようにするしかないのです。

ちなみに、フェイスブックと並んでSNSの代名詞のように呼ばれるツイッター（Twitter）は、そこまで情報をダダ漏らしてはいないようです。ツイッターはユーザーの広がりに比べて業績が伸びていません。それはすなわち、ユーザー情報をうまくお金に換えられていないことを物語っています。

ツイッターがポリシーとしてユーザー情報を出さないようにしているのか、本当はフェイスブックのようにユーザー情報を売りさばいてお金に換えたいけれどもできていないだけなのか、そのあたりは定かではありませんが、私からすれば、ツイッターは事業として稼ぐことにあまり真剣になっていないように見えます。サービスを利用するにあたって、実名登録を推奨しているわけではないことからも、ユーザー情報をカネに換える意図は、少なくともフェイスブックよりは小さいように感じられます。

グーグルが儲かる理由

さて、あらためてグーグルの広告事業を見てみましょう。

「広告枠」を売るだけだったインターネット広告に、劇的な変化をもたらしたといわれるグーグルは、2000年10月に、「アドワーズ（AdWords）」という「検索連動型」と呼ばれる広告を始めました。検索結果ページの上部や右横に広告が表示されているのを見たことがあるでしょう。あれが「AdWords」です。

検索キーワードというのは、ある人の興味・関心そのものです。たとえば「スマートフォン」と検索した人に新作スマホの広告を提示できれば、不特定多数向けに広告を打つよりも、成約率を高めることが見込めそうです。それを可能にしたのが「検索連動型広告」で、検索キーワードと連動させ、「最適化」された広告をユーザーに向けて表示します。

「AdWords」のサービスを始めたことで、グーグルという検索エンジンは、ユーザーの興味・関心に沿った広告を提供できる広告媒体になりました。しかも、検索エンジンを利用するユーザー数は膨大です。母数が増えれば、特定のキーワードに関心のある人の数も、その分、増えると考えられます。つまり、グーグルの検索結果ページは、多くの人にきめこまやかな広告を提供する理想的な広告媒体になったのです。

その価値が、商品やサービスを売りたい広告主（広告出稿者）から評価され、広告事業がグーグルの企業収益を支える柱になっています。

グーグルはさらに2003年12月、「アドセンス（AdSense）」という広告配信サービスを始めました。これは、個人ホームページやニュースサイト、ブログなどの広告枠と、広告出稿先を探す広告主のあいだを取り持つ「広告代理店」のようなサービスです。

広告から成約へと至る確率は、広告を見た人の関心の高さによって左右されます。検索エンジンにキーワードを打ち込む時点で、そのキーワードに対してそれなりの興味・関心があるのは間違いありませんが、そのキーワードに関して深く掘り下げた記事があり、それを読んでいる人に狙いを定めて広告を提供すれば、より高い成約率を見込むことができます。

それを可能にしたのが「アドセンス」なのです。広告媒体（ニュースサイトやブログなど）が広告枠を設置し、そこに、グーグルの「顧客」である広告主のうち関連性の高いものを自動的に選んで表示します。このとき、広告枠を提供したウェブサイトは、一定の条件に従って、グーグルから広告成約の報酬を受け取ることができます。

さらに進化する「刺さる広告」

ここ最近のインターネット広告は、さらに進化しています。媒体中の記事とは関係がなくとも、利用者の検索履歴やウェブサイトの訪問履歴などを参考にして、その人の興味を引きそうな広告を表示するようになっています。

つい、いましがた検索したキーワードに関連した広告が、そのすぐ後に訪問したまったく関係ないサイトの広告枠に表示されているのを見てドキッとしたことのある人もいるでしょう。旅行や仕事の出張のために飛行機やホテルについて検索したら、格安航空券やホテルの広告が表示され、スマートフォンの最新機種が気になって検索したら、そのすぐ後にスマホの広告が表示される――。そんなことができるのは、グーグルが検索履歴やウェブサイトの訪問履歴を広告の「最適化」のために利用しているからです。

「自分が興味のある広告が表示されて、便利になるからいいじゃないか」という意見もあるでしょう。しかし、自分のネット上の行動が筒抜けになっているというのは、あまり気持ちのいいものではありません。少なくとも私はそう思います。

ちなみに、インターネット広告業界人の話によれば、日本人のネット上の行動の9割ぐらいは把握できているそうです。

便利になるだけならいいのですが、利便性の裏にはリスクがつきものです。グーグルがユーザーの行動から得ている情報は、人間ではなくプログラムが解析し、「最適化」を自動的に行っています。ですが、グーグルのプログラムがユーザーの情報を読めるということは、グーグル社内の人間も、その気になれば読めるということです。グーグルが提供するサービスには、Gメールのように私的な情報をやりとりするものも含まれています。

グーグルという企業が、収集した膨大な情報を組織的に悪用することは、まずないと思いますが、その情報がなんらかのかたちで流出してしまうことは、「100%ない」とは言い切れないのです。

実際、２０１０年にはグーグルの社員が職権を濫用し、利用者のアカウントに不正にアクセスして情報を取得した事件も報道されています。もちろん、その社員はグーグルを解雇され、再発防止策（セキュリティ対策）が講じられていることでしょう。しかし、これが氷山の一角でないとは言い切れません。機密性の高い情報にアクセスする権限があるグーグル社員は一定数おり、表沙汰にはなっていないけれども、もっと多くの情報が、興味本位で覗かれていたとしても、おかしくないのです。もちろん、そんなことはないと信じたいのですが……。

「クッキー」は甘くない？

ネットを利用していると、とあるサイトで「ようこそ○○さん」と、自分の名前が表示されることがあります。これは、クロームや「インターネット・エクスプローラー（IE）」などのブラウザが、「クッキー（cookie）」というファイルを保存しているせいです。

クッキーは、ブラウザの閲覧履歴や認証情報など、ユーザーを識別する情報を記録するものです。

さて、グーグルが提供しているサービスのひとつにグーグル「アナリティクス（Analytics）」というウェブサイトや広告閲覧の解析ツールがあります。アフィリエイト（成功報酬型広告＝たとえば運営者のサイトに広告スペースが設けられており、クリックされると報酬が得られる）している人や、ホームページを運用している会社などにとって、なじみ深いツールで、これを利用すれば、どのページにどれくらいの閲覧があったのか、どのコンテンツが人気があり、アクセスを増やしているかなど、ウェブサイトの訪問者を解析することができるのです。

ここで得られる解析情報は利用者にとって、効果的なコンテンツづくりには欠かすことができないものですが、ここにもクッキーが利用されています。というより、グーグルはクッキーの情報を蓄積して、サービスを提供しているのです。

クッキーはブラウザを起動し、最初にそのサイトにアクセスしたところから記録を始めます。ブラウザは「ログイン」して、トップページなどをカスタマイズすることができますが、ログインしたままだと、常に情報がユーザーに紐《ひも》づいて記録されていることになります。

ブラウザを使っていても、ログインしていなければ、記録される情報ははユーザーに紐づいていませんが、フェイスブックなどにログインすれば同じこと。それ以前の履歴も含めて、ユーザーと紐づいて記録されます。この状態は、ログアウトするまで変わらず、足跡をべったり残すことになります。

ブラウザは自分だけの情報を記録しておいてくれるので、便利な機能も多くありますが、ちょっと気を抜くと犯罪の被害に遭いかねません。たとえば、パソコンが誰かに使われてしまったとき（パスワードもかけていなかったとします）。パスワードなどがオートコンプリート（自動的に文字列が補完される）になっていてもいっしょです。ブラウザには閲覧履歴も残っているので、あらぬ趣味が周囲にバレて、恥ずかしい思いをするかもしれません。

情報が漏れてもいい、という太っ腹な人は別ですが、気になる方はやはり、手間ではあっても、その都度ログオフすることが大切です。

オンライン電話帳で交友関係が丸裸

スマートフォンでの連絡先（電話帳）の管理も、利便性と情報漏洩《ろうえい》リスクのバランスをとるのが難しい問題です。

アンドロイドスマホを使用している人は、その連絡先をスマホで管理・同期している人が多いのではないでしょうか。アンドロイドスマホで端末にあらかじめインストールされている電話帳アプリは、グーグルと同期するタイプのものです。パソコンでもスマホでも同じ情報にアクセスできてとても便利ですが、もしGメールのシステムが誰かに不正侵入されたら……。仕事やプライベートの交友関係がすべて丸裸にされてしまいます。

ちなみに私は、個人情報の塊である電話帳データを、ウェブ上のサービスに保存するようなことはしていません。スマホは持っていますが、電話帳アプリには何も登録していないのです。よくやりとりする人の連絡先は、ガラケー（スマートフォン登場以前の旧来型の携帯電話）の電話帳で管理しています。

ガラケーとてハッキングは不可能ではないですし、端末そのものが盗まれる可能性もあります。情報漏洩リスクがゼロになるわけではないですが、スマホと比べれば、プライバシー保護の面では格段に上です。スマホより機能は劣りますが、電話とＳＮＳ（ショートメール）にしか使用しないのであれば、必要にして十分だと思っています。

新しい機能満載のスマホですべてを管理するのもいいでしょうが、自分に必要な情報端末や情報サービスは何か、いま一度見つめなおしてみることをお勧めします。

ＬＩＮＥ「電話帳抜き取り」の衝撃

電話帳や連絡先のデータで、情報セキュリティ関係者を震撼《しんかん》させたのが、２０１１年６月にリリースされたスマートフォンのメッセージアプリ「ＬＩＮＥ《ライン》」です（パソコンのウェブブラウザからでも使えますが、スマホでの使用を想定してつくられています）。

ＬＩＮＥアプリをスマホにインストールしてユーザー登録をすると、「友だち候補」がずらっと表示されるのはなぜでしょうか。ＬＩＮＥアプリが端末の電話帳に登録された情報を読み取り、それをＬＩＮＥのサーバーに送信して、同じ電話番号でＬＩＮＥのサービスを利用しているユーザーの名前を表示していたからです。つまり、ＬＩＮＥアプリを使い始めたときに、端末に保存していた電話帳データは抜き取られているのです。

このサービスが提供開始されたとき、情報セキュリティ関係者やITに詳しい弁護士のあいだでは、「アプリが電話帳を勝手に読み取り、サーバーにデータを送信するのは違法だ」との声が上がりました。ところが、具体的にそれを違法だと訴え出る人もなく、同様のサービス（アプリ）が次々とリリースされて、電話帳の読み取りは既成事実として一般化してしまいました。

アプリで気軽にメッセージを送れるのはとても便利なことですが、利便性の裏には安全性を損なうリスクが潜んでいるものです。LINEのように広く普及したサービスは、安全性のためとはいえ「使わない」選択をするのが難しくなっているかもしれません。しかし、電話帳という個人の交友関係を示す重要なデータを自分以外の誰かに預けることには、リスクがあることを肝に銘じておくべきでしょう。

具体的な対策は難しくとも、「悪用される」という心の備えがあるだけで、いざそういう事態になったとき、あわてないで済むはずです。

タレントの「トーク」はなぜ流出したのか

人気女性タレントと音楽グループの男性のLINEでのやり取りが週刊誌にスクープされる事件がありました。LINE側は一部対策を施したようですが、なぜ流出したのか、はっきりとした原因はわかっていません。もちろん一般の方でも同じような被害に遭う可能性があるので、防衛法を探ってみましょう。

まず、流出事件のあらましを整理しておくと、スマホ上のLINEの会話（トークという）が、数画面分抜き取られて、週刊誌に掲載されました。しかも1回ではなく、別の日の会話も流出しています。会話は本人たちのものであることは、表示されている画像からも確認できるので、「当人たちの会話が外部に漏れた」ことは間違いないでしょう。

LINEはもちろん、会話が簡単に流出しないように、対策はしているはずですが2度にわたって流出してしまったことに世間は驚いたのです。

ではこの〝犯行〟はどうすれば可能になるのでしょうか。いくつかの可能性をあげてみましょう。

仮説①

何者かが、男性のメールアドレスとパスワードでログインして、LINEトークの内容を取得したケース。

LINEはアンドロイドやアイフォーン（iPhone）からだけでなく、ほとんどのモバイル端末で利用可能で、パソコンなどからも利用できるようになっています。LINEにメールアドレスが登録されており、他の端末からのログイン許可がオン（標準設定で「オン」になります）になっていれば、同時に利用可能になる場合があります。

仮説②

被害者男性のアイフォーン5sに触るチャンスのある人が、ロック画面を解除するパスコードまたは、パスパターン（9個のドットをひと筆書きで結んでいくもの）を盗み見て、被害者がスマホを置いたまま目を離した隙にログインした、という可能性もあるでしょう。そして、スクリーンショット（画面を撮影する機能）などで保管したわけです。もしくは、トークをバックアップする機能などを使ってコピーしたのかもしれません。

仮説③

スマホでＬＩＮＥを使用する場合は、パスワードを入力しなくても利用できますね。これは、すでにパスワードも端末に保存されているからです。そこで、何者かが被害者のスマホのアプリのデータをすべてバックアップし、他のスマホにコピーすることにより、クローン（複製）をつくれる可能性があります。

仮説④

男性が機種変更などをして、古いスマホが第三者の手に渡ってしまった場合、バレることなくトークを盗み見ることができるでしょう。

仮説⑤

被害者のスマホをパソコンからバックアップするソフトを使って、トーク内容を抜き出すという方法もあります。ただし、スマホに直接触ることができて、パスコードやパスパターンを知っている場合のみ、使える手です。

仮説⑥

LINE、もしくは親会社の韓国企業ネイバーの関係者が職務権限を使って情報を取得した。もしくは、LINEのシステムが外部から侵入されて、トークの内容を盗まれた。

真相は藪の中です。LINEが③への対策を講じましたが、それが正解とは限りません。いずれにしても、こうしたかたちの情報漏洩を防ぐ対策を考えておいたほうがいいでしょう。

・他人にスマホを触らせない。
・パスコード、パスパターン、パスワードなどは他人に知られないようにする。
・信頼できない企業が提供しているアプリは利用しない。
・パスワードは推測できるようなものや、他で使用しているものは使用しない。

件《くだん》のタレントのようになりたくなければ、最低限この4つを守りましょう。

スマホから漏れてしまう情報

ここではLINEを例に挙げましたが、スマートフォンのアプリは、多かれ少なかれ端末からさまざまなデータを吸い上げています。

なぜそういうことをするのかというと、アプリから収益を上げるモデルと大きく関係しています。アプリは個人が趣味で開発・提供しているものもありますが、企業や個人が収益を得るために開発しているものが多いからです。そのアプリ自体で儲けようとしていないものは、プロモーションや、IoT（モノのインターネット）とスマホの連携で作られているアプリくらいです。

アプリから収益を得る方法はいくつかあり、わかりやすいのがアプリを有料で販売することです。ただ、有料というだけで敬遠される傾向にあり、有料アプリのダウンロード数は無料アプリの100分の1ほどと言われています。そのため、ひとりでも多くの人に使ってもらって収益を得るために、アプリそのものは無料で提供し、広告や特定のアイテムへの課金、機能制限の解除などで売り上げを立てる手法が主流になっているわけです。

アプリが端末からデータを吸い上げるのは、広告をターゲットのみに配信したり、ユーザーの動向を解析したりして、適切にアイテムを買ってもらうためです。

スマホ広告で収益を上げるためには、ユーザーのカテゴライズが重要です、ユーザーの現在地域、使用しているアプリのカテゴリー、性別や年代、居住国、活動時間などの情報をアプリが吸い上げ、そのユーザーに適した広告を選んで表示するのです。

また、識別子（ＩＤ）といわれる、ユーザーの携帯電話端末を識別するためのデータも収集されています。識別子には2種類あり、世界で一つしかないグローバルＩＤと、一つのアプリもしくは同じ部品を利用しているアプリでのみで利用できるローカルＩＤがあります。たとえば以下のような具合です。

●グローバルＩＤ

・電話番号―通話やＳＭＳ（ショートメッセージ）で使用する番号。携帯電話サービスの加入者を識別する。

・ＩＭＳＩ―携帯電話を利用するために必要なＳＩＭカードの番号。国番号と事業者番号（ドコモ、ａｕ、ソフトバンクなどを識別）と加入者番号からなり、電話番号と同じく携帯電話サービスの加入者を識別する。International Mobile Subscriber Identity の略。

・ＩＭＥＩ——端末を識別するために機器本体につけられた番号。International Mobile Equipment Identity の略。

・ＭＡＣ《マック》アドレス——無線ＬＡＮ（Wi-Fi）で使用するアドレスで、無線ＬＡＮメーカーに割り当てられる部分と、機種に割り当てられる部分などがある。機器ごとに世界で固有の番号を持っている。

・Google ID——グーグルのサービスを受けるときに使用される識別子で、メールアドレスのかたちになっている。アンドロイドでグーグルのサービスを受けるときに必要なもので、多くはＧメールのメールアドレスと同じ。

・AppleID——アイフォーンやアイパッド、アイチューンズなど、アップルのサービスを使用するときに使う識別子でメールアドレスになっている。アイフォーンを使用するときには必ず必要。

・Android_ID——アンドロイド端末ごとに生成される識別子。アンドロイドの広告でよく使用されている。

・Advertising ID――グーグルの広告専用ＩＤでユーザーに合った広告を表示するために使われる。

・IDFA――アイフォーン用の広告専用ＩＤ。ＵＤＩＤ（後述）のユーザー識別子を広告で使用させたくないために、アップルが広告専用に開発した広告専用識別子。

・UDID――アイフォーンの機器ごとに一意な識別子。ｉＯＳ７以降ではアプリで使用できなくなった。現在ではアイチューンズなど機器の連携や、ユーザーとの結び付けのためにアップル社のみで使用されている。

●ローカルＩＤ

・ＵＵＩＤ―ソフトウェアを識別するＩＤ。Universally Unique Identifier の略。

そのほかにも、ゲームアプリでは、データを保存するため、ユーザーＩＤをアプリ内部で自動的に生成したり、ユーザー登録時のメールアドレスを利用したりしています。

このように、アプリは端末からさまざまな情報を収集しているということだけは意識しておいてください。そのことを規約やプライバシーポリシーで正確に明記していないアプリもまだ多く、セキュリティ関係者と総務省は現状を問題視しています。

アプリを利用している人には、どのような情報が抜き取られているかはわかりません。そこで、アンドロイドのアプリ限定ですが、アプリが裏でどのような情報を抜き取っているかを調査し、無料で公開しているサイトがあります。「secroid《セキュロイド》」というサイト（http://secroid.jp/）がそれで、ほとんどのアプリを網羅しています。

たとえば人気の通信アプリは、「連絡先を外部に送信している可能性」「電話番号を外部に送信している可能性」などがあり、危険だという評価をしています。

気になる人は、自分が使っているアプリが（使おうとしているアプリが）、裏側で何をしているのか、今一度このサイトで確認してみてください。

あなたの居場所も探られている

スマートフォンならではのアプリとして、グーグルマップをはじめ、現在位置（位置情報）を利用する地図アプリや位置情報を使ったゲームも多数存在します。地図アプリを使うと、方向音痴の人でも自分がどこにいるかがわかるので、使っている人は多いかもしれませんが、便利なものには裏があります。アプリによっては、現在位置のみならず、移動の履歴を記録しているものもあるのです。

位置情報を得る方法で有名なのは、人工衛星からの信号をもとに測位するＧＰＳです。これがオンになっていると行動記録が明らかになり、それが他人に流出すると、不倫やサボりの証拠として突きつけられる可能性がないとは言い切れません。

それを嫌ってＧＰＳ機能をオフにしている人もいるでしょうが、スマホはＧＰＳ以外の機能も使って位置情報を特定しています。ＧＰＳをオフにしたからといって、位置情報を把握されないわけではないのです。

サスペンス映画やテレビドラマで、犯人が居場所を特定されることを避けるため、携帯電話の電源を切るシーンを見たことがあるでしょう。携帯電話全般、つまりスマホにもガラケーにも言えることですが、ＧＰＳ機能の有無やそのオン・オフにかかわらず、携帯電話の電源が入っていれば、ある程度の現在位置を特定することが可能なのです。

携帯電話は、電波で携帯電話のネットワークとつながっています。人が日常的に行き交うところでは、たいてい携帯電話が基地局からの電波を受信できるようになっています。携帯がつながらない〝電波の穴〟ができないように基地局をつくっていくと、複数の基地局からの電波が重なり合う場所が出てきます。端末では、このうち最も電波が強い基地局と通信するようになっていますが、電波が弱い基地局でも受信自体はしています。電波の強さは、距離の2乗に比例して減衰する物理特性があるので、複数の基地局からの電波の強さを調べれば、おおよその位置を特定できるのです。

携帯電話の基地局は、人口の少ないところであれば半径数キロ程度、都心の繁華街のような人口密集地では、数百メートル、数十メートルおきに設置されていることがあります。つまり、都心の繁華街ほど、位置が把握されやすいのです。

グーグルマップが提供する驚きの機能

ＧＰＳ機能をオフにしても、ある程度、現在位置の特定ができるとはいえ、やはり精度ではＧＰＳにかないません。

ＧＰＳは人工衛星からの信号を利用して、地上での位置を正確に割り出すシステムです。もともとは軍事用に開発されたもので、１９９３年に民生利用が始まってから、しばらくのあいだは、精度が抑えられていました。あえて１００メートル程度の誤差が出るようになっていたのです。しかし、２０００年にその制約は解除され、いまでは誤差10メートル程度の精度で位置を把握できるようになっています。

これだけ高い精度を誇るＧＰＳにも弱点があります。現在地の測位にやや時間がかかることです。端末でＧＰＳの測位を始めてから正確な測位を得られるまで早くても30秒、だいたいは2分から5分といわれていますが、10分以上かかることもあります。

ＧＰＳ機能をオンにし続けていれば（つまり、ＧＰＳの測位を連続させていれば）、より短い時間で精度の高い現在位置を得られますが、オフだったＧＰＳをオンにしたばかりならそうはいきません。

また、ＧＰＳは衛星を利用しているので、空が見えないところで位置を把握するのは不得意です。初めて訪ねる場所に、急いで行かなければならないときに、地図アプリを開いてすぐに場所がわからないとなると、使い勝手が悪いと感じられるでしょう。

実際は、GPSだけでなく、携帯基地局からの電波も使って位置情報を得ているのですが、それだけではありません。

グーグルマップの拡張機能に、「ストリートビュー」があります。使ったことのある方は多いでしょうが、念のために説明すると、自分が実際にそこを歩いているかのように、通りの前後左右の情報を画像で確認できるサービスです。画像は継ぎ目がないように見えるので、どうやって撮影しているのだろうと思われた方もいるでしょう。

ストリートビューで使われている写真は、グーグルがグーグルストリートビュー撮影車で走りながら撮影したものです。ボディに「グーグルストリートビュー」とペイントされ、屋根の上に特殊なカメラを備えたクルマを見かけたことがある人もいるのではないでしょうか。

ところがこのクルマ、単に通りの様子を撮影しているだけではありません。通りから受信できる無線LANの電波をキャッチし、その発信元である無線LANの「アクセスポイント」の端末情報（「MACアドレス」といいます）もあわせて取得しているのです。そして無線LANの受信強度と観測位置から無線LANの基地局（アクセスポイント）の位置を推定しています。

2010年、グーグルストリートビュー撮影車で収集しているデータに、メールやパスワードなどの重要情報が含まれていたことが発覚。グーグルは謝罪し、その後はストリートビュー撮影時に、MACアドレスも含むいかなる無線LANデータも収集しない、と発表しましたが、その後どうしているかはわかりません。

そのかわり――というわけではないでしょうが、グーグルのスマートフォンであるアンドロイド端末では、GPSで測位された位置情報と付近の無線LANアクセスポイント情報をグーグルに送って、さらに大量の情報を集めています。

都心部では、さまざまな店舗や公共の場所で、そこを訪れた人が自由に使える「公衆無線LAN」サービスが提供されています（有償のものや無償のもの、ユーザー登録が必要なものなど、サービスの内容はさまざまです）。そのほか、オフィスでは無線LANを導入しているところが多いでしょうし、住宅地でも、家庭内のインターネット接続のために無線LANを使っているケースも多いはずです。そうした「アクセスポイント」の位置を、グーグルマップの地図データ上にマッピングすることで、おおよその位置情報を素早く得ることができるようにしているのです。

たとえばネット通販大手のアマゾンが提供するタブレット端末「キンドル（Kindle）」では、ＧＰＳを搭載しないかわりに、無線ＬＡＮでの測位をＧＰＳの機能として採用しています。

この「他人の無線ＬＡＮのＭＡＣアドレスを、所有者に断ることなく収集する」という行為、法に抵触しそうですが、法律関係者は「違法とは言い切れない」としています。「グレーゾーン」を法規制より先に必要不可欠なものにしてしまうことで規制されないようにする――といわれるグーグルらしいやり方をしているようです。

グーグルは、「アクセスポイント」のＭＡＣアドレスから位置情報を得る機能を、自社が開発したグーグルマップのアプリで利用するだけでなく、公開して自由に使えるようにもしています。その技術を利用する側からするとありがたい話でしょうが、たくさんの事業者が利用することによって、この行為が正当化されていくというおそれもあります。

ちなみに、グーグルマップはグーグル社のサービスなので、グーグルにログインして利用することもできます（スマホではたいていログインしたままでしょう）。すると、グーグルマップを利用した履歴も使用できます。自分で履歴を参照できるだけでなく、グーグルの側でも利用できるのです。「何月何日にどこにいた」という情報が漏れることを恐いと感じるのは、私だけでしょうか。

クラウドに潜む罠

「ドロップボックス（Dropbox）」に「グーグルドライブ（Google Drive）」、アップル社の「アイクラウド（iCloud）」にマイクロソフト社「ワンドライブ（OneDrive）」……。インターネット上にデータを保存する「クラウドストレージサービス」が当たり前のように利用される時代になりました。

データをクラウドに保存すれば、パソコンからでもスマホからでも同じデータにアクセスでき、自分以外の誰かとも共有できる。おまけにいざというときのバックアップとしても機能する——というわけで、その便利さから手放せなくなっている人も多いことでしょう。

しかも、クラウドへのデータの保存方法は、パソコンやスマホの端末にデータを保存するのと、操作のうえではなんら違いはありません。そのため、自分の机の引き出しに紙の資料を保管するのと同じように、気軽に利用している人が多いようです。

でも、本当に自分以外の誰かに見られることはないのでしょうか。いいえ、そうではありません。少なくとも、アメリカの企業が提供しているクラウドサービスでは、保存されたデータは検閲されています。

それはアメリカ企業が悪意をもってやっているというわけではありません。連邦法で、児童ポルノの取り締まりが義務化されているからです。実際、クラウド上に保存した児童ポルノに該当するデータは削除されたこともあるし、あるいは警告のメールが送られてきた事例もあります。クラウドに保存したサービスは見られていると思っておくべきでしょう。

ではどのように検閲を行うのでしょうか。プログラムですべてを自動判定するのは、いまの技術ではまだ難しいようです。過去に判定したものであれば、自動的にチェックすることもできるのですが、新規の画像については微妙な年齢などを判断できないようで、最終的には人の目での判断を必要としています。

いずれにしても、アメリカの企業が提供するクラウドサービスを利用する限り、データは見られることがあると理解しておくべきです。それが嫌なら、日本企業が提供するクラウドサービスを使ったほうがいいでしょう。アメリカに比べてサービス規模が小さいところが多いので機能は劣りますが、信頼性の高いサービスを提供しているところも少なくありません。また、日本国内にデータがある場合は、通信速度が速く快適に使用できるというメリットもあるでしょう。

もちろん、「見られるリスクより、利便性を最優先したい」という方もいらっしゃるでしょう。自分の使い方に応じて、よく検討してみてください。

「あなただけの保存領域」ではない

クラウドストレージサービスは、セキュリティ面でも必ずしも万全とは言えません。

2012年には、当時の武雄《たけお》市長（佐賀県）が利用していた「Yahoo! ブリーフケース」というクラウドサービスに保存していた住所録が、誰でも閲覧できる状態になっていたことが発覚しました。これは誰かにハッキングされたわけではなく、単純な設定ミスでした。クラウドサービスなどでは、情報をシェアすることができます。自分がクラウドに保存した情報を他の人と共有したり、全員に公開したりすることができるのですが、その設定が「公開」になっていたのでしょう。サービスや機能をきちんと理解しておかないと、思わぬところで情報が漏れてしまう可能性があるので注意が必要です。

さらには、クラウドサービスのログインIDやパスワードが漏れてしまえば、保存しているデータがまるごと流出してしまうリスクもあります。実際、２０１４年には、アメリカでセレブのアイクラウドアカウント情報が漏れ、プライベート画像が大量流出する事件が起きました。このように、基本的には誰もがアクセスできる場所に情報を保存することのリスクを思い起こす必要があるでしょう。

もうひとつ、システム上の綻《ほころ》びとまでは言わないまでも、気をつけるべき点があります。クラウドサービスのデータが、どのように保存されているかご存じでしょうか。登録会員にプライベートな保存領域を用意し、そこに保存する――。多くの方はそういうイメージをお持ちでしょう。

でも、必ずしもそうではありません。たとえば、定番クラウドサービスのドロップボックスは、サービス全体の保存領域を節約するために、複数のユーザーのデータをまとめて管理しているのです。

たとえば映像データや音楽データの場合。人気の高い映像や音楽ほど、同じ作品を大勢の人が保存する可能性があります。しかも、映像や音楽は、ひとつのファイルが大きくなります。これらを、いちいち保存していたのでは、サービス全体で膨大なストレージ容量が必要になってしまいます。それを回避するため、ドロップボックスはストレージ内に同じファイルがないかをチェックし、同じものがあればひとつだけを保存して、複数の人がアクセスできるようにしているのです。

その仕組みを突いた情報漏洩事件はまだ知られていませんが、オンラインストレージは「プライベートな保存領域ではない」ということを理解しておいたほうがいいでしょう。利用する際には、そのリスクを踏まえておく必要があるのです。

登録したあのサービス、覚えてますか？

ここまでの話とは少し毛色が変わりますが、意外なところで情報が漏れがちなのが、「登録したことすら忘れてしまっているサービス」です。

日本で本格的にインターネットの商用サービスが始まったのは1995年、もう20年以上が経《た》っています。当時大学生だった人も、もう40歳前後、そのころインターネット上でどんなサービスが提供されていて、自分がどのサービスを使っていたか、わからなくなっている人は少なくないはずです。

たとえば、インスタントメッセンジャーの「ICQ《アイ・シー・キュー》」というサービスがありました。「あー、懐かしい」という人には説明不要でしょうが、名前を聞いたことがない人もいると思うので簡単にどういうサービスかを説明しておきます。

「インスタントメッセンジャー」というのは、パソコン上でリアルタイムにコミュニケーションをするために開発されたアプリケーションで、相手がいまパソコンを立ち上げているかどうかがわかり、短いメッセージを即時（インスタントに）やりとりすることができるものです。いまで言えばLINEやフェイスブックのメッセージ機能と思えば当たらずとも遠からずでしょうか。

「ICQ」は1996年、インターネットの黎明期《れいめいき》に始まった「インスタントメッセンジャー」の草分け的存在です。2000年前後に全盛期を迎え、登録ユーザーは1億人を超え、そのうち1000万人以上が毎日ログインして使用していたと報じられています。「ICQ」はその後、同様の後発アプリに次々とシェアを奪われ、いまではほとんど見かけることがなくなりましたが、サービスそのものが消えてなくなったわけではありません。パソコン用ソフトをはじめ、アンドロイドやアイフォーン用アプリもリリースされています。

ここで注意が必要なのは、「ICQ」と聞いて懐かしさを覚えた人たちです。懐かしいのはおそらく「ICQ」を使っていたからでしょうが、当時どのメールアドレスを使い、どういうハンドルネームで登録していたか覚えていますか？　登録するときに、本名や生年月日を入力していたとしたら、場合によってはハンドルネームから重要な情報が漏れてしまうこともあります。

ほかにも、フリーのメールアドレスを乗り換えたり、SNSを「ミクシィ（mixi）」からフェイスブックに乗り換えたりということは、少なからぬ人が経験しているはずです。そのとき、前に使っていたサービスのアカウント情報をきちんと消したか覚えていますか？いつか使うかもしれないと消すのをためらっていたまま、そのことをすっかり忘れているようなことはないでしょうか。

メールサービスやSNSでアカウントが残っていると、送受信したメールや書き込んだ投稿もそのままどこかに残っている可能性があります。SNSなら、自分では忘れていても誰かに見られている可能性はありますし、アカウントが乗っ取られでもしたら、昔の情報がまるごと漏れてしまいます。

ウェブサイトの履歴にご用心

もうひとつ、「忘れている」つながりで言えば、昔つくったウェブサイトも忘れやすいひとつのポイントです。この場合に厄介なのは、自分では削除したはずのウェブサイトが、インターネット上のどこかにアーカイブされて残っている可能性があることです。

その代表的なものに、「WebArchive《ウェブアーカイブ》」(http://archive.org/)というサービスがあります。これはいわばインターネット上の公共図書館のようなもので、インターネット上にどのような情報が存在したかを「資料として」保存しています。世界各国の国立図書館が同様のサービスを展開していますし、日本の例で言えば、「ウェブ魚拓《ぎょたく》」のように、小さい会社が同様のサービスを提供しているケースもあります(http://megalodon.jp/)。

このサービスを使うと、たとえばウェブサイトがどのように変遷してきたかを見ることができ、まさに資料として有用です。たとえば、本書の版元、小学館のウェブサイトは、1997年6月に公開されたものから記録されています。

資料としては、これはこれで大きな価値がありますが、削除したウェブサイトに「消したい過去」が含まれている場合にはちょっと困りものです。サイトに本名や連絡先などを載せていたとしたら、そこから自分に関する情報が漏れてしまう可能性もあるからです。

残っていると困る情報は、こちらから削除を依頼すればアーカイブデータを消してもらうことができます。が、簡単にコピーできてしまうのがデジタル技術の特徴。ほかに複製が存在している可能性を排除することはできません。

企業や官公庁からもダダ漏れ

個人の情報がダダ漏れるパターンとして、もうひとつ忘れてはならないのが、企業や官公庁のシステムから情報が不正に持ち出されるケースです。メディアを賑わせた大きな事件だけでも、日本年金機構（2015年6月発覚。流出件数合計125万件以上）、ベネッセコーポレーション（2014年7月発覚。当初発表では同約760万件）、ソニー（2011年4月発覚。グループ全体で1億261万3000件）など、大量の個人情報が流出しています。

これらの事件のインパクトの大きさを実感してもらうために、ここではベネッセコーポレーションの事件のあらましを振り返っておきましょう。

この事件は、ベネッセが提供する『進研ゼミ』などのサービスを利用する顧客の情報が流出したものです。子どもや保護者の名前、住所、電話番号、生年月日など、個人情報が大量に流出しました。その数、調査で最終的に判明したのは約2895万件です。

この個人情報大量流出事件は、広い意味では内部犯行と言えます。ベネッセは顧客情報などのデータベースの運用業務をグループ内のIT企業に委託し、そのIT企業は、その業務をさらに複数の外部企業に再委託していました。再委託先から一次委託先のIT企業に派遣された社員が、データベースにアクセスするための業務用パソコンからスマートフォンに顧客情報をコピーし、外部に持ち出して名簿業者に販売していたのです。顧客情報を持ち出したのは事件発覚の1年前、2013年7月のことでした。

パソコンからスマホへの情報持ち出しを思いついたのは、ほんの偶然と、セキュリティ対策の綻びがきっかけです。

まず持ち出し犯は、スマホの充電が切れそうになっていたため、業務用パソコンのUSBポートにスマホをつないで充電しようとしました。この時点では悪意はありません。ところが次の瞬間、スマホ内の記録領域がパソコンから見えるようになっていたのです。データの不正持ち出しを防ぐため、業務用パソコンからは、USBの記録媒体は認識できない設定になっていたはずですが、情報漏洩を防ぐセキュリティソフトのバージョンを更新していなかったために、派遣社員が持っていた最新機種の接続方式はその対象から外れていました。そこで試しに業務用パソコンからファイルをコピーしてみたところ、できてしまったというのです。

ベネッセにとっては運の悪いことに、この派遣社員は、個人的に借金を抱え、家庭では出産を控え、金銭的に逼迫《ひっぱく》した生活を送っていました。そのため、個人情報を持ち出し、販売してお金に換える犯行に至ったのです。

事件が発覚したのは、利用者からの問い合わせが急増したことから。ベネッセにしか登録していないはずの情報にもとづいて、他事業者からダイレクトメールが届くようになり、情報が漏れているのではないかとの指摘が多数寄せられるようになったのです。

事件発覚から半月ほど経ち、この派遣社員が逮捕されます。容疑は「不正競争防止法違反」。最終的に競合事業者に顧客情報が行き渡ったことから、「営業秘密」を漏らした罪に問われました。

ベネッセの場合は、社内のシステムから直接、個人情報が持ち出されましたが、ソニーや日本年金機構の事件では、インターネット経由で不正侵入を許したことに端を発します。それぞれの事件については、第3章と第4章で紹介しましょう。

いずれのケースも、個人で対策できる範囲を超えた事件と言えます。パソコンやスマホの利用の仕方が原因のものは、個人が注意しておけばある程度、漏洩は防げます。クラウドサービスなどのオンラインサービスも、使う・使わないを含めて自分に選択権がありす。ところが、企業や行政に提供した情報が漏れてしまえば、個人では手の打ちようがありません。防衛策としてできることがあるとすれば、個人情報の提供は最低限にとどめることくらいでしょうか。

近年はインターネット通販サイトのサービスがますます充実し、アマゾンや楽天などでは、東京なら即日か翌日、商品を届けてくれるようになっています。家にいながらにして買いものができるのはとても便利で、ネットショッピングのヘビーユーザーになっている人も多いかもしれません。でも、買いもののたびに購買履歴という企業にとって貴重な情報を残していることになります。

それによって自分の好きなものを次々とリコメンドして（勧めて）もらえるようになるので、便利には違いありませんが、見方を変えれば「あなた」という人間の趣味趣向が丸裸に近い状態にされていることになります。

そうした情報が、もしなんらかの原因で――内部犯行あるいは外部からの不正侵入で――外部に漏れたとしたら……。

購買履歴はユーザーの意思で消すことができないので、そうした状況が恐ろしいと思う人、あるいはどうしても購入を知られたくないものは、通販サイトでは購入せず、店に足を運んで現金で支払ったほうがいいでしょう。店頭まで行ってもクレジットカードを使ってしまえば、身元が割れる可能性があるので注意が必要です。

ちなみに、インターネットを使っていなければ安心というわけではありません。TポイントやPonta《ポンタ》などのポイントカードも、購入店舗、商品名、購入日時などの利用履歴は、ポイントカードの加盟店すべてが利用できるように、発行会社から情報が提供されています。その情報が第三者に漏れないとは、誰も言い切れないのです。

情報を守るのはほかならぬ自分自身。誰かに任せっきりになることがいちばんの情報漏洩リスクとなるのです。

あなたのお金が狙われている

ダダ漏れついでに付け加えると、漏れるのが情報だけで済めばまだマシと言えるかもしれません。インターネットバンキングの偽サイトなどを利用して、ログインパスワードや暗証番号が盗まれる事件が、いまだに後を絶たないのです。

銀行口座からお金を盗む手口として多いのは、次の2種類です。

①フィッシング（phishing）

偽のインターネットバンキングや、クレジットカード会社のサイトをつくり、そこにメールで誘導して、ログインや資金移動のために必要な情報を入手する手口です。銀行やクレジットカード会社を騙《かた》るメールを送りつけ、それを信じた人から情報を盗み、その結果お金も盗む、あからさまな詐欺行為です。

インターネットバンキングは、お金という重要な資産にアクセスするだけに、「なりすまし」を防ぐため、セキュリティが強化されています。

インターネットバンキングの利用者には、キャッシュカード以外に、同じくらいの大きさでランダムな数字が書かれた表が、銀行などから送られてきているはずです（キャッシュカードに印字されているケースもあります）。これが「乱数表」で、指定された場所の数字を、IDやパスワード、暗証番号などとともに入力することで、正規のユーザーかどうかを確認しているわけです。毎回毎回カードを確認するのを面倒に感じている人も多いかもしれませんが、大切な資産を守る鍵の役割を果たしているのです。

フィッシングでは、IDとパスワードだけでなく、この「乱数表」の数字もすべて入力させようとします。金融機関では「ログインの際、一度にすべての数字の入力を求めることはありません。そうしたメールを受け取っても無視してください」という趣旨の啓発メールを送っていますが、根絶は難しいようです。というのも、犯行に必要なコストは偽サイトをつくり、偽メールを送るだけ。非常に手軽なため、犯行が成功する確率は低くとも、ひとりが引っかかると、かけたコストはすぐに取り戻せます。

一般に、高齢者ほど情報セキュリティの知識が乏しいものです。そして高齢者ほど、ある程度の資産を持っている可能性が高いものです。つまり、低コストで大きな成果を得られるので、手を染める悪者たちがなかなか減らないのです。

さらに言うと、フィッシングの手口で狙われるのは、銀行口座の情報だけではありません。オンラインゲームのログイン情報も、同じ手口で盗まれる事例が報告されています。

最近のゲームはお金が大きく動きます。ゲームで使用されるアイテムが課金対象になることの裏返しで、そのゲーム内でのみ通用する〝通貨〟があったり、アイテムを売買するサイトが存在したりするのです。

このゲーム内通貨や貴重なアイテムは現金に換えることができます。リアルマネートレードサイトという、現金とゲーム内通貨を交換する専用サイトで売買されているほか、アイテムやゲーム内のキャラクター（プレイヤー）のアカウントは、ヤフオクなどのオークションサイトで売買されています。

盗んだユーザー情報でログインし、自分が別に登録しておいたユーザー（つまり自分）宛にゲーム内通貨やアイテムを譲り渡せば、貴重なアイテムなどが手に入り、それを売れば現金を得ることができるのです。

②「ＭＩＴＢ」攻撃をする遠隔操作型ウイルス

フィッシング詐欺が後を絶たないとはいえ、啓発キャンペーンが浸透してきたこともあり、別の手法も広がり始めています。これは、フィッシングよりずっと手が込んだ「ＭＩＴＢ」攻撃と呼ばれる機能を持つ「マルウェア」を仕込む手口です。

「マルウェア（malware）」とは、「悪意あるソフトウェア（malicious software）」のことで、代表的なものがコンピュータ・ウイルスです。ウイルス以外にもマルウェアとされるものはあるのですが、ここでは「マルウェア≒コンピュータ・ウイルス」と思ってもらえばいいでしょう。

「ＭＩＴＢ」は「Man In The Browser（ブラウザのなかの人）」の略称で、その名のとおり、ブラウザのなかに人がいるかのごとく、ユーザーのブラウザを乗っ取ります。正規のユーザーがインターネットバンキングにアクセスすると、ログインのためのIDやパスワード、乱数表の数字の情報を抜き取ったり、ユーザーによる送金操作を検知して、送金先をユーザーが気づかないところで変更したりといった悪さをします。

マルウェアの感染経路はいくつか報告されています。添付ファイル付きのメールを送りつけ、それを開封すると感染するのがひとつのパターン。最近はこのメールの送り方が巧妙になっていて、その人に関係しそうな企業や団体名でメールが送られてくるほか、なかにはどこかから名簿を入手して、知り合いを装って、いかにもありそうな文面のメールが送られてくることもあります。

また、ウェブサイトからマルウェアに感染するルートもあります。便利そうなパソコン・ソフトを無料でダウンロードできるようにしておいて、ユーザーがダウンロードを実行すると、裏でウイルスもダウンロードしてしまうパターンです。さらに手の込んだものは、ブラウザの脆弱性《ぜいじゃくせい》を突いて、特定のウェブサイトにアクセスしただけでウイルスに感染することもあります。

家計簿アプリにご注意

お金に絡んでもうひとつ、最近私が気になっているのが、インターネット上で提供されている会計や家計簿などのサービスです。こうしたサービスでは、銀行の入出金やクレジットカード決済情報をひとつにまとめることができ、とても便利ですが、その情報の扱い方に大きな問題があります。

銀行取引やクレジットカードの決済情報をまとめて表示できるのは、インターネットバンキングやクレジットカードの管理ページから情報を引っ張ってきているからです。その情報にアクセスするため、ＩＤとパスワードに加え、第2の鍵である「乱数表」の情報もすべて入力しなければならないようですが、これではいつ何があってもおかしくありません。これらのサービスを提供する事業者のなかに、悪意を抱いたスタッフがいたら……と想像すると恐ろしいし、システムに不正侵入される可能性もあります。

本来であれば、家計簿アプリを提供する会社など外部の事業者でも、口座情報やクレジットカード情報に安全にアクセスできる仕組みを、銀行やクレジットカード会社自身がつくるべきだと思います。インターネットバンキングやクレジットカードのログイン情報を第三者に教えることなく、情報のやりとりを行うことは技術的には十分可能です。

スマホのアプリやウェブ上のサービスで、フェイスブックやツイッターのログイン情報を利用して、別のサービスにログインする仕組みを見かけたことがないでしょうか。これが「OAuth《オーオース》」と呼ばれる認証の仕組みで、アプリの側は、フェイスブックのログイン情報はわからなくても、フェイスブックに登録されたユーザー情報の一部を取ってくることができます。これと同じ認証の仕組みを、銀行やクレジットカード会社が実装すれば、先に指摘した問題は回避することができるはずなのです。

ではなぜ銀行やクレジットカード会社がこれをやらないかというと、おそらくコストをかけたくないからでしょう。先ほど指摘した問題が現実化し、銀行口座やクレジットカードが不正利用された場合、正規の利用者は、「不正利用があった」「自分のあずかり知らないところでお金がなくなっている」ことを伝えれば、銀行やクレジットカード会社は基本的に被害金額を補償してくれるでしょう。

銀行やクレジットカード会社からすれば、口座情報などを不正利用された場合の補償も痛手であることに変わりはありませんが、それが発生する確率や、想定される被害額と比べて、新しい認証の仕組みを開発・実装することのほうが割高だとソロバンを弾いているのかもしれません。

利用者の立場としては、「被害を受けても補償されれば問題ない」という考え方もありますが、不正利用されたときの精神的なダメージは、けっして小さくはないでしょう。

サービスを提供する側が、より便利で質のいいサービスを提供しようと努力することは大切です。ただ、何度も言うように、利便性の向上と安全性の低下には相関関係があることを理解しておかなくてはなりません。便利な道具やサービスを使い始める前に、このサービスは裏で何をしているのか、安全性を犠牲にしていないか、どこまでのリスクを自分が許容できるのか――そうしたことを考えておくことが、大切な個人情報やお金を守る第一歩と言えるでしょう。

第2章

盗まれた個人情報はどこに行く？

法律で保護される情報とは

情報ダダ漏れ時代に「個人情報」をいかに守るかは、すべての人が真剣に考えなければならない課題です。

では、そもそも「個人情報」とはなんでしょうか？

わかるようで、なかなか本当のところがわからない。そして多くの人が誤解している「個人情報」を、まずざっくりと整理しておきましょう。

日本では、「個人情報」を保護するために、「個人情報保護法」（2005年4月全面施行）が制定されています。

それによると、「個人情報」とは、「生存する個人に関する情報であって、当該情報に含まれる氏名、生年月日その他の記述等により特定の個人を識別することができるもの（他の情報と容易に照合することができ、それにより特定の個人を識別することができることとなるものを含む。）をいう。」（第2条）と定義されています。法律の文章というのは、たいていわかりにくいものですが、これが何を規定しているかを簡単に解説してみます。

とくに重要なポイントは、「特定の個人を識別することができる」という箇所です。つまり、個人を識別しうる情報は、基本的にすべて「個人情報」に該当し、法律の保護の対象になるということです。また、見落とされがちなのは「生存する個人に関する情報」という記述です。他界した故人についての情報は、法律上の保護の対象になりません。

では、何が「特定の個人を識別することができる」情報なのかというと、これは状況次第で変わりうるものなので、なかなか一概に定義することはできません。ただ、いかなる場合でも「個人情報」に含まれる情報もあります。それを以下に列挙してみましょう。

【個人を識別できる情報】

〈基本情報〉

・氏名／住所（本籍も含む）／電話番号

〈出生情報〉

・生年月日（年齢も）

〈記号情報〉

・マイナンバー／パスポート番号／運転免許証番号など

〈位置情報〉

・GPSや携帯電話などの位置情報（どこにいるかが特定できれば個人を特定しうる）

〈生体情報〉

・指紋、DNA配列など

〈画像情報〉

・顔写真／その他の映像など

個人が情報を洩らしても罰則はない？

また、それ単体では「特定の個人を識別する」ことはできないけれども、特定の個人の属性を示す情報もあり、私はそれを「個人に紐《ひも》づく情報」と呼んでいます。これは単体では「個人情報」に該当しませんが、「個人を識別しうる情報」とセットになって存在していれば、それらも「個人情報」として法律の保護の対象になります。

「個人に紐づく情報」に該当するものを以下に列挙しておきます。

【個人に紐づく情報】

・家族構成
・学校名
・成績
・職業
・収入
・クレジットカード番号
・購入歴
・交通機関の乗降歴

・スマートフォンのＩＤ
・身長、体重
・病歴　その他

たとえば「学校名」だけが明らかになっても、それは「個人情報」とは言えませんが、「学校名」とともに「氏名」が明らかにされれば、それらは両方とも「個人情報」と判断されるわけです。

なお、メールアドレスに関しては、関係機関で解釈に食い違いが見られます。

経済産業省が策定したガイドラインによれば、「メールアドレスの表記から特定個人を識別しうる場合は個人情報だが、そうでない場合は個人情報ではない」とされています。つまり、「taro_suzuki@example.co.jp」なら個人情報で、「ts37351@example.co.jp」なら個人情報ではないというわけです。

ただしそれに対し、日本経済団体連合会は、「メールアドレスはすべて個人情報に該当すると解釈すべき」との見解を示しています。何が「個人情報」にあたるのかという線引きは、かなり難しいことなのです。

なお、個人情報が法律でどのように保護されるかというと、おおまかに言えば、それを利用する企業や団体が「利用目的」を明らかにし、その目的の範囲内で適正な手法による情報取得や保存管理、第三者への情報提供の制限に努めること、などとされています。

それにより、個人情報の悪用や散逸を防ぐのが狙いですが、法律の効果が及ぶのは事業者のみで、一般個人による行為は法律の範囲外であること、情報漏洩《ろうえい》行為そのものへの直接の罰則規定がないことなどが問題点として指摘されています。

個人情報〝販売〟大国アメリカ

日本で「個人情報保護法」が制定された経緯を振り返ると、1980年にOECD（経済協力開発機構）が定めた「プライバシー保護と個人データの国際流通についてのガイドラインに関するOECD理事会勧告（通称：OECD8原則）」が重要な意味を持ちます。

当時はまだ、一般の人がインターネットを利用できるようになってはいませんでしたが、1970年代から、コンピュータが産業界を中心に社会に浸透し始めました。それにより、個人に関する情報を企業や官公庁が容易に大量保存・複製することができるようになり、ヨーロッパ各国やアメリカで、個人の権利を侵害することがないように、個人情報を保護する法律が制定されました。ただ、ルールが国ごとに異なっていると、国際的な取り引きで不都合が発生する可能性があります。そこで各国の個人情報保護レベルを揃えるために、OECDでガイドラインが定められたのです。

このように、個人情報の保護は世界的な流れですが、第1章で見たグーグルやフェイスブックの情報の収集や広告への活用ぶりは、このルールから逸脱しているようにも見えます。でも、そうではありません。彼らはルールを無視しているわけではなく、ルールの盲点を突いて利用者の個人情報をせっせと収集・利用しているのです。

個人情報保護に関するルールの盲点とは、「個人情報の収集や第三者への提供について、個人が企業や団体に許諾を与えてしまうと、保護の対象から外れてしまう」ことです。

グーグルやフェイスブックの利用規約やプライバシーポリシーを隅から隅までじっくり読んだことがある人はほとんどいないと思いますが、そこに、彼らがユーザーの情報を収集し、第三者にそれらの情報を提供することがある旨が細かく記載されています。

利用規約やプライバシーポリシーに同意してこれらのサービスを使っている以上、彼らの個人情報の使い方に文句をつけることはできないのです。個人情報を収集・利用されるのが嫌ならば、これらのサービスを使わないようにするしかありません。

また、アメリカには、この後でも触れますが、「データ・ブローカー（Data Broker）」あるいは「インフォメーション・ブローカー（Information Broker）」と呼ばれる日本の「名簿業者」のような事業者が存在しています。日本の「名簿業者」は企業規模も業界規模もそれほど大きなものではありませんが、アメリカでは社会的に認知されていて、株式を上場している企業もあるほどです。

アメリカでグーグルやフェイスブックのほか、こうした「データ・ブローカー」が大きなビジネスになるのは、アメリカという国が個人情報をそれほど大切にしていないからと言うこともできるでしょう。個人情報を販売して利益を上げることが当たり前のように行われていて、むしろ情報をどれだけ巨額のお金に換えられるかが、企業や経営者の才覚として問われているとさえ言えます。

こうした背景のひとつには、もともとアメリカがインターネット発祥の国であり、プライバシー侵害への許容度を高めることで、インターネットの発展を促してきたことが挙げられます。プライバシーよりも企業の発展や、新たな産業の育成に重きが置かれているのです。

これがヨーロッパになると話はまったく違ってきます。ヨーロッパの考えは、あくまでプライバシー重視です。そのため、ヨーロッパにおいてインターネットの広告事業者はほとんど生まれていません。グーグルやフェイスブックのように、個人情報をベースとしたビジネスを展開する企業が育つ土壌がないのです。

ですから、フェイスブックを創業したマーク・ザッカーバーグが、もしヨーロッパで生まれ育ち、ヨーロッパの大学に行っていたとしたら、フェイスブックは生まれていなかったでしょう。ちなみにザッカーバーグはアメリカ生まれのアメリカ育ち。ハーバード大学在学中にフェイスブックを創業しました。ともあれ、それほどヨーロッパのプライバシーに対する考えは厳しく、アメリカとは対極の立場にあります。

日本はといえば、個人情報保護に対してアメリカほどゆるゆるではありませんが、ヨーロッパほど厳しくもありません。

そうしたなかで、インターネット広告事業者も多数育っていますが、必要のない（と思われる）個人情報の収集まで行っている企業は少ないでしょう。

スマートフォンのアプリについて、インストール状況や起動履歴などのデータを収集して販売していたある企業は、「ユーザーの同意がないまま情報を収集している」と批判され、事業からの撤退を余儀なくされました。多くは自主規制ですが、日本のインターネット産業は比較的厳しく律されていると言えます。

とはいえ、日本にグーグルやフェイスブックに代わりうるサービスがない以上、これからもこれらの企業のやりたい放題に、つまり個人情報がダダ漏れになってしまうのは致し方ありません。

「便利だから」で果たしていいのか？

グーグルやフェイスブックが集める利用者の情報は、主にインターネット広告のために使われます。検索履歴やウェブサイトの閲覧履歴に位置情報、電話帳やＳＮＳのつながりからわかる交友関係など、コンピュータやスマートフォンを使ったインターネット上でのあらゆる行動が、広告・マーケティング情報として取り引きされています。

こうした情報を収集・利用されたからといって、「便利になることはあってもとくに不都合はない。プライバシーだなんだと叫ぶ必要がどこにあるのか」と思う方もいらっしゃるでしょう。

実際、グーグルやフェイスブックをはじめとするインターネット企業による個人情報の収集・利用に対しては、こうした容認論もよく聞かれます。たしかに、自分には興味も関係もない広告を見せられることが減り、自分の欲しいものや気になる情報を自動的に提供してくれるようになるのは、一面では便利なことかもしれません。

ただし、自分に関して集められた情報は、ほかにも思わぬところで使われることがあります。なかでも大きいのは犯罪に関するもので、たとえば2013年4月に起きた「ボストンマラソン爆弾テロ事件」では、容疑者2人に関するあらゆる情報を、捜査機関は徹底的に調査したと言われています（容疑者2名のうち1名は死亡、1名は逮捕）。

「自分は犯罪と疑われるようなことをしないから大丈夫」と思った人も安心はできません。このあと第5章で紹介する「パソコン遠隔操作事件」では、自分のパソコンを乗っ取られただけの4人の罪なき人たちが、誤認逮捕されました。そのときおそらく、彼らのインターネット上の行動情報も、調べられたことでしょう。

情報漏洩時代、サイバー犯罪時代には、このように、自分が犯罪者のように仕立て上げられるケースも増えてくるはずです。そのようなときに、他人に知られるはずがないと思っていた情報が、捜査機関に知られてしまうのは、けっして気持ちのいいものではないでしょう。

なお、サイバー犯罪捜査に関連して、個人の権利や自由、プライバシーとも関わる重要なテーマ、「通信の秘密」についても簡単に触れておきましょう。

日本の法体系においては、憲法と、通信事業者の事業を規制する電気通信事業法で、「通信の秘密」が定められています。「通信の秘密は、これを侵してはならない。」というのが憲法の規定です（憲法第21条第2項）。

ただし犯罪捜査においては、電話会社やプロバイダなど電気通信事業者は、プロバイダ責任制限法（特定電気通信役務提供者の損害賠償責任の制限及び発信者情報の開示に関する法律）の元、警察の要請に協力するのが慣例になっています。とはいえ、犯罪の重さと開示する情報のバランスには、捜査関係者や事業者も頭を悩ませているようです。

じつはこの「通信の秘密」、世界の国々ではほとんど保障されていません。ＣＩＡ（中央情報局）やＮＳＡ（国家安全保障局）が積極的な諜報《ちょうほう》活動を行うアメリカはもとより、海外との通信では、捜査関係者に通信を傍受・盗聴されていることもありうると考えておくべきでしょう。

その点でとくに注意が必要なのは、ＩＰ電話の利用です。「スカイプ（Skype）」やグーグルの「ハングアウト」などのサービスを使えば、無料でビデオ通話までできてしまう時代ですが、音声や映像は厳重に暗号化がされていないサービスもあり、通信内容を傍受される可能性があることも覚悟しておくべきです。

ちなみに、日本国内同士での利用であれば、「通信の秘密」は保護されるためＩＰ電話も一応は安心です。海外との通信でどうしても必要で、かつ盗聴も心配な場合は、通信事業者が提供する、暗号化された通信サービスを利用するようにしましょう。

「名簿」はカネになるか？

第1章でも紹介したように、2014年7月、『進研ゼミ』などのサービスを提供するベネッセコーポレーションから、大量の顧客情報が流出していることが発覚しました。その数、最終的な調査の結果では約2895万件。ベネッセの情報システムを管理するグループ内のIT企業に派遣されていた社員が、顧客データベースから情報を不正に取得し、外部に横流しした事件です。漏洩した情報の内容は、子どもおよび保護者の名前、性別、生年月日、住所、電話番号など。なかにはメールアドレスや出産予定日が含まれているものもありました。

これだけ大量の個人情報がどのように利用されたかというと、3社の名簿業者への販売でした。報道によれば、そこから合計十数社の名簿業者の元にベネッセの顧客情報が流出し、さまざまな業種の合計約500社がそれらの情報を手にしたとされます。

それらの情報を手にした業者の業種は多岐にわたります。ベネッセが教育関連事業を中心に展開していることから、教育関連の情報として学習教材販売や家庭教師、塾・予備校などがこれらのリストを手にしたようですし、ベネッセが子ども向けの教材を扱っていることから、家族向けのサービスを提供する着物販売や写真館などの業種にもリストが販売されたようです。ベネッセから流出した顧客情報を最終的に取得した企業のなかには、古参のソフトウェア開発として有名な「ジャストシステム」や、英会話教室事業を展開する「ECC」がありました。両社をはじめ、いずれの事業者も、ベネッセから不正に流出した情報とは知らなかったとのことです。

こうした業者が名簿を手に入れる目的は、もちろんセールスのためです。ダイレクトメールを郵送し、勧誘の電話をかける――。そのためのリスト情報として、名簿は販売されています。

ベネッセの事件で、個人情報がいくらで取り引きされたかというと、流出させた派遣社員は、3社の名簿業者に対して総額およそ400万円で売却したと報道されています。1件1円に満たないどころか、0・1円を少し超えるぐらいの金額にしかなっていません。

一般的には、「名簿は金になる」と思われているようですが、だいたい名簿の相場はこのケースと大差はありません。1件につきおよそ0・1円から高くても10円程度で取り引きされているのが実態です。

なお、情報を流出させた派遣社員から直接情報を購入した名簿業者の一社は、十数回にわたり延べ約1億7800万件の顧客情報を受け取った対価として総額282万円を支払い、50社以上に情報を断片的に販売し、約1600万円を売り上げていたと報道されています（流出した顧客情報には重複があると考えられ、最終的な調査で発表されている約2895件は、重複を排除した数字と思われます）。

本職の名簿業者だけあって、名簿情報の活《い》かし方や高く売れそうな販売ルートを持っていたのでしょう。情報を金に換えるにも、それなりの知恵やネットワークが必要と言えますが、それでも入手した情報の膨大さと比べると、名簿情報は思っているほど金になりにくいことがわかるはずです。なお、この名簿業者も、顧客情報がベネッセから不正に流出したものとは知らなかったということです。

闇の世界に出回る名簿

この手の名簿業者は、インターネットで検索すれば数多くヒットします。つまり、「個人情報」は名簿というかたちで、当たり前のように出回っているということです。

名簿業者のサイトをいくつか見てみると、名簿業者が取り扱う名簿にはさまざまなものがあります。学校の卒業アルバムや名簿、同窓会名簿、各種会員名簿、高額所得者のリスト、法人・企業名簿、社員名簿、各種訪問販売名簿など、あらゆる情報が売り買いされています。

名簿の買い取りや販売を行うこれらの業者は、個人情報保護法に反していると思われるかもしれませんが、現行の法律では規制することはできません。一定の条件を満たせば、こうした名簿や個人情報データベースを販売できることを、法律が認めているからです。

もちろん不正に入手した情報の買い取りは行えませんし、行わないことを名簿業者は謳《うた》っています。ベネッセのケースでも、先ほど見たように、名簿を入手・販売した名簿業者は、おおもとの情報が不正に取得されたものだとは知らなかったとされています。

実際には、名簿業者がやりとりしている情報には、不正に流出したものが多く含まれているでしょう。でも、そもそも目の前の情報が「盗まれたものではない」と証明するのは困難ですし、業者間で名簿が売り買いされるあいだに、名簿の出所がわからなくなってしまうケースも多々あるでしょう。

こうした名簿の情報は、セールスのための情報としてだけではなく、振り込め詐欺をはじめとした特殊詐欺（不特定の人に対して、電話、FAX《ファックス》、メールを使って行う詐欺）のために利用されていることも想像に難くありません。

警察庁が公表している特殊詐欺の被害状況を見ると、近年になって被害総額は増加傾向にあります。２００９年ごろ、振り込め詐欺被害の手口が広く報道されるようになり、いったん大きく減少したものの、手口が多様化・巧妙化したことによって、再び被害が拡大しているのです。

手口が巧妙化している背景には、名簿業者の情報が関わっている可能性があります。名簿から古い情報や偽情報を洗い落とす「クレンジング」も、複数の名簿から同一人物の情報を統合する「名寄せ」という作業も名簿業者のあいだで広く行われており、いずれも情報の質を高めることにつながっているのです。ベネッセのケースで派遣社員から直接情報を買い取った名簿業者も、おそらくこの作業を行ったでしょう。

それと同じように、特殊詐欺の成功率を上げ、あるいは1件あたりの入手額を高める目的で、「クレンジング」され、「名寄せ」された名簿が特殊詐欺で使われている可能性があります。家族構成や家族の職業、資産状況などの情報を入手しているとしか思えない被害も報告されているからです。

こうした「名寄せ」や「クレンジング」の作業は、海外で行われているケースも多いようです。不正に入手した情報を、主に東南アジア系の業者に横流しし、特定個人にまつわる情報をつなぎあわせ、価値をつけて販売するのです。

振り込め詐欺をはじめ、架空請求詐欺、還付金等の詐欺などの特殊詐欺では、一度被害にあった人のもとに何度も電話がかかってくるのも特徴です。かかってきた電話に対して、名前や家族構成、連絡先など、無防備に個人情報を伝えてしまうのは危険です。それがまた、名簿の情報精度を高め、新たな詐欺に使われてしまう可能性もあるのです。

なお、日本ではダーティーなイメージのある名簿業者ですが、先ほども見たように、アメリカでは一定の存在感をもって社会に受け入れられています。「データ・ブローカー」あるいは「インフォメーション・ブローカー」と呼ばれる企業です。たとえば大型量販店が潰れるようなとき、半ば公然とその顧客情報をデータ・ブローカーが買い取り、その情報を元に他の量販店や他業種の販売店がセールスを仕掛けるわけです。

日米の、個人情報に対する感覚の違いを実感していただけたでしょうか。

犯人は検索エンジンで標的を探す

名簿を使ったセールスや犯罪では、氏名、年齢、電話番号、住所が必要な情報です。これらを知られてしまうと、リアルな居場所を突き止められ、詐欺被害に遭う可能性も大きくなるのです。

それに比べてメールアドレスは、誰かに知られたとしても、大量の迷惑メールを送りつけられるぐらいで、大した被害はない——と思っている人もいるかもしれません。近年では、どのプロバイダやメールサービスでも迷惑メール対策がとられているから安心だと……。

ところが、このメールアドレスが、最近ではサイバー犯罪で狙われる入り口として頻繁に使われるようになっています。

ひとつは、第1章で見た「フィッシング詐欺」です。主にはインターネットバンキングやクレジットカードなどの偽サイトをつくり、そこにログインIDやパスワード、乱数表の情報を入力させて、お金をせしめようとします。

もうひとつは、第4章で詳しく触れる「標的型攻撃」です。この攻撃のターゲットとなるのは、主に企業や政府関係機関で、競合他社が製造機密やノウハウを盗んだり、他国の政府機関が諜報活動の一環として情報を取得したりするのです。業務連絡など、いかにもありそうなメール本文に添付ファイルをくっつけて、それを開くと感染するマルウェアを仕掛けるという手口で、第1章で紹介した遠隔操作型ウイルスも、このカテゴリーに入るでしょう。

「フィッシング」にしろ「標的型攻撃」にしろ、メールアドレスを取得することが攻撃の第一歩です。大学や企業、官公庁などで、担当者に直接アクセスできるようメールアドレスが公開されている場合がありますが、そこが最初のターゲットとして狙われることもあるので注意が必要です。

攻撃を仕掛ける組織や個人が、メールアドレスを探すために活用しているとされるのが、「グーグル・ハッキング」というテクニックです。グーグルの検索は、単純にキーワードを入力するだけでなく、ファイルの種別や対象地域など、さまざまな条件を細かく指定することができるので、普通の目的に使われるだけでなく、悪事にも利用される可能性があるのです。

たとえばファイル種別の指定。グーグルの検索窓に「filetype:」と入力すると、指定された種類のファイルのみを検索することができます。エクセルだけを探したいのであれば「filetype:xls」と指定すればよく、その前にキーワードを入れておけば、キーワードに関連するエクセルファイルが検索できるのです。

そこに日本語の名簿なら必ず入っているような単語を入れれば、名簿を探し出すことが可能です。

これ以上の説明は避けますが、「関係者の連絡先一覧」のようなファイルが無防備に公開されているのを見たことがあるでしょう。なかにはご丁寧に勤務先や出身校などが記載されているケースもあります。逆にいえば、このようなかたちで探されることもあるので、名簿などの重要情報をそのまま公開することは絶対に避けてください。

また、用途はやや異なりますが、グーグル・ハッキングは別の攻撃の下準備として使われることもあります。ウェブサイトをつくる際、そのための基本編集ソフト（CMS＝コンテンツ・マネージメントシステムと呼ばれます）が使われることがよくありますが、それらのソフトのなかには、セキュリティ・ホールが広く知られてしまっているものもあります。ソフトの側では、そうした穴を突かれないよう、修正プログラムを提供しますが、ユーザーのすべてが、バージョンを最新にしているわけではありません。そこで、グーグル・ハッキングを使って侵入できる脆弱性を持つバージョンのソフトを利用しているサイトを探し出すのです。

そういうサイトを特定できてしまえば、あとは攻撃側のやりたい放題になってしまうので、サイト制作者は気をつけなければなりません。

第1章で触れたように、検索サービスの利用者がグーグルを好んで使うのはもちろんのこと（ヤフーの検索も実態はグーグルの検索を利用したサービスです）、サーバー運営者もグーグル・アナリティクスを使って検索や広告のための情報をグーグルに提供しています。グーグルによって、日本のインターネット環境はわかりやすく整理され、それがサイバー犯罪の情報としても利用されてしまっているのです。これはグーグルが広く使われているアメリカでも事情は同じです。グーグルは、「世界中の情報を整理し、世界中の人々がアクセスできて使えるようにすること」が自社の使命だと謳っています。それにより、利用者が大きな利便性を享受しているのは疑いようのないことですが、同時にそれが悪意を持った者にも提供されてしまっているのです。

なお、検索エンジンで検索した結果は、世界中どこでも同じだと思われているかもしれませんが、実際には国ごとに大きく異なります。グーグルの言語設定を変更すると、その言語での検索結果が優先されるようになります。

中国では「バイドゥ（百度）」というサービスが中国におけるグーグルのような存在になっているし、ロシアでは「ヤンデックス（Yandex）」という検索サイトが最大手です。韓国では、「ＮＡＶＥＲ」という検索サイトが最大手で、これはＬＩＮＥの親会社です。また、日本以外のヤフーはマイクロソフトのＢｉｎｇ《ビング》という検索サービスを使っています。

こうした検索事情の違いは、諜報活動やサイバー犯罪を行う人たちにとっては基本中の基本の知識で、なかには、その国の検索エンジンを使わなければ見つけられないサイトもあり、相手国の情報を取得するために、検索エンジンを使い分けているのです。

マイナンバーは漏れて当たり前!?

この情報ダダ漏れ時代に、情報セキュリティ関係者にとって、新たな心配のタネが増えました。2016年1月からスタートしたマイナンバー制度です。保険や年金などの社会保障、医療、税金、災害対策といった行政手続きで利活用される12桁《けた》の番号で、日本国内に住民票を持つ人全員に付与されます。成人だけではなく生まれたばかりの赤ん坊まで、また、個人だけでなく法人にも13桁の法人番号が割り振られます。

制度開始に先立って、2015年10月から番号の通知が始まりました。手続きをするとマイナンバー情報を1枚のICカードに収めた「個人番号カード（マイナンバーカードとも）」が発行されます。

マイナンバー（個人番号）は一生変わらない個人・法人のIDで、行政のみならずさまざまな機関に存在する個人の情報をひとつに結びつけられるようになっています。それにより、行政の効率化、国民生活の利便性の向上、公平な社会の実現を目指すのが目的だと、政府は謳っています。

マイナンバーの導入により、行政サービスが効率化されるというのはおそらくそのとおりでしょう。2007年ごろから世間を騒がせた「年金記録問題」（2007年、社会保険庁の年金データにミスが多いことが発覚した問題）を覚えている人も多いはずです。この問題は、個人を識別するIDがうまく機能していなかったがために発生したといえ、マイナンバーの導入で解決されると考えられるからです。

ひとくちに「年金」と言っても、20歳以上60歳未満の国民全員が加入する「国民年金」や、民間企業で働く人が加入する「厚生年金」など複数の制度が存在します。転職や結婚などの法的身分の変更があると、たとえば「厚生年金」を脱退して「国民年金」に移行するように制度を乗り換えることがあります。

かつてはそのたびに、制度ごとに異なる年金番号を付与していて、同じ人がいくつもの「年金番号」を持つことがありましたが、その場合、なんらかの手続きをしようとすると、制度ごとに事務手続きをしなければならず、煩雑さが指摘されていました。そのため、年金業務を効率化する目的で、1997年に「基礎年金番号」というID番号が導入され、制度ごとの年金番号と紐づけされることになりました。

ところが、2007年の「年金記録問題」では、このとき導入された「基礎年金番号」に紐づけられていない年金記録が5000万件以上あることや、記録内容の間違いがあり、実在しない人物の年金データが存在したり、あるはずの年金データが行方不明になっていたりしていることが発覚したのです。

このときの不始末を思えば、生まれたときに個人を識別するIDを振り、生涯にわたって行政手続きを簡素化しようとするのは賢明な政策判断と言えるでしょう。

ただ、くしくも同じ年金制度で、第1章で紹介したように、125万件以上もの大量の個人情報流出を許した政府（日本年金機構は厚生労働省が管轄）に、果たしてマイナンバーの情報流出を防ぎ切ることができるかというと、それはまた別の問題です。

少しずつ明らかになる制度の全貌を見ると、情報セキュリティの専門家の立場からはマイナンバー制度の危うさばかりが目につきます。過激な物言いに聞こえるかもしれませんが、「マイナンバーは漏れて当たり前」と思っておくのがよさそうです。

もちろん、「法で定めた場合を除いて、マイナンバーに関する情報を第三者に提供したり、第三者が収集したりしてはならない」と罰則つきで規定されていますが、現実の制度や情報システムの仕様を見ると、情報漏洩を防ぐのは難しいと言わざるをえません。

短すぎるマイナンバーの桁数

マイナンバーが漏れて困ることは何か——。

それにより実際どのような社会問題が起こるかは、制度全体が確定していないいまの時点では予見しようがありません。が、問題になりそうだと思うのは、「データの寿命が長い」ということです。

マイナンバーは、個人を識別するIDとして一生利用する番号です。そのため、悪意ある人にひとたび番号を知られてしまえば、その番号に紐付けられている個人情報を、一生把握され続けます。マイナンバーが漏れたそのときは実害がなかったとしても、何年か後に悪用される可能性があるのです。

情報セキュリティの観点から見たマイナンバーの問題点は、現時点でわかっていることだけでも次の4つを指摘することができます。

1. マイナンバーの番号そのものの問題（桁数が短い）
2. マイナンバーの運用方法の問題（多くの場所に出回る）
3. 「個人番号カード」のセキュリティの問題
4. 情報閲覧サイト「マイナポータル」の問題

以下、順に検討していきましょう。

マイナンバーの1つ目の問題は、番号の桁数が短すぎることです。12桁の数字は、コンピュータ上のデータ量ではわずか5バイト。国民1億2000万人分すべてのマイナンバーを足し合わせても、わずか1テラバイトにしかなりません。いまや1テラバイトのハードディスクは1万円以下で売られている時代です。悪意を持った人がマイナンバーを管理するデータベースにアクセスできたとしたら、国民全員のデータを、じつに簡単に持ち出せてしまうのです。

桁数の短さは、もうひとつの問題を孕《はら》んでいますが、それを説明するにはマイナンバーが情報システムのなかでどのように管理されているかを押さえておく必要があります。

マイナンバーを管理するデータベースでは、悪意ある人に不正利用されるのを防ぐため、マイナンバーを暗号化して保管していると説明されています。仮に私のマイナンバーが「123456789018」だとしたら、それが、人間が見ただけではわからない無意味な文字列に変換されているのです。

「だったら安心」と思うのは大間違いで、いまの時代、さまざまな暗号を解析するソフトが出回っていて、CPUの進化や、GPU（画像処理用プロセッサー）を利用して並列処理する技術の一般化などで、解析に要する時間も劇的に短くなりました。12桁の数字くらい、ほとんど一瞬で解析されてしまいます。桁数が短すぎて、暗号化の意味がないに等しいのです。

しかも、マイナンバーは12桁といわれていますが、実質的な意味があるのは最初の11桁だけ。最後の1桁は「チェックディジット」と呼ばれるもので、マイナンバーに誤りがないかを確認するための検査用の数字です。その値は、最初の11桁から計算式によって求められるため、より簡単に解析できるのです。

ちなみに、みなさんがさまざまなところで設定しているパスワードも、4桁程度の数字だけならあっという間に解析できます。どういうパスワードにすると暗号が破られにくくなるか、詳しくは第6章であらためて紹介しますが、数字だけでなくアルファベットの大文字・小文字と各種記号（下の表参照）を組み合わせ、合計12桁以上にすると、暗号化法式にもよりますが、一応、安全です。もちろん、いまは大丈夫であっても、コンピュータの処理能力が向上するだろう未来には十分ではありませんが……。

もし、数字だけで100年使える強いパスワードにしたいなら、300桁ぐらいは必要です。英数字と記号の組み合わせなら151文字程度になりますが、それだけ長い番号を個人のIDとして使うのは現実的ではありません。とはいえ、マイナンバーもせめてアルファベットの大文字・小文字を組み合わせ、桁数を30桁ぐらいまで増やしていればとりあえずは安心できると思いますが、もうここまで制度が進んでしまった以上、引き返すのは不可能でしょう。

<table>
<tr><th colspan="16">パスワードに使える記号（半角で入力してください）</th></tr>
<tr><td>!</td><td>"</td><td>#</td><td>$</td><td>%</td><td>&</td><td>'</td><td>(</td><td>)</td><td>{</td><td>}</td><td>[</td><td>]</td><td>=</td><td>~</td><td>-</td></tr>
<tr><td>^</td><td>`</td><td>*</td><td>+</td><td><</td><td>></td><td>?</td><td>_</td><td>|</td><td>/</td><td>.</td><td>,</td><td>:</td><td>;</td><td>@</td><td>¥</td></tr>
</table>

「個人番号カード」のセキュリティ

2つ目の問題は、マイナンバーがあまりにも至るところで使われることです。

制度のおおもとの官庁は総務省ですが、行政をはじめとする広範な現場で、マイナンバーとそれに紐づく個人の情報が行き交います。税務を管轄する財務省や、納税を行う税務署、地方税や国民健康保険を受け付ける自治体、実際に税金を納付する銀行、医療保険や年金を受け持つ厚生労働省、年金保険の手続きをする年金事務所、住民票を発行するコンビニエンスストア、源泉徴収と年末調整を行う企業など……。

仮におおもとの情報システムの守りがどれだけ完璧でも、さまざまな場所に広がる情報の漏洩を防ぐのは、現実的には不可能と言えるでしょう。それに、日本年金機構の事件を思えば、政府の情報システムに完璧な堅牢性を期待するのは無理がありそうです。つまり、マイナンバーは何かしらのかたちで漏れる運命にあると言えるでしょう。

3つ目の問題は、「個人番号カード（マイナンバーカード）」自体にあります。マイナンバーの利便性を最大限享受するには、このカードを受け取っておく必要がありそうですが、このカードそのものに、情報セキュリティ上の脆弱性があると懸念されています。「個人番号カード」は、プラスチック製のカードにICチップが内蔵され、そこにさまざまな情報を書き込んで保存することができます。

カードの券面には、表面に氏名、住所、生年月日、性別、顔写真、有効期限などが、裏面には個人番号（マイナンバー）が記載されています。表面は、本人の同意があれば誰でもコピーできますが、裏面の個人番号は、法で定められた者以外はコピーしてはいけません。

ICチップの保存領域には、これらの情報のほか、各省庁や自治体が独自に提供するサービスのため「電子証明書」がICチップにあらかじめ保存されていて、それを活用した行政サービスの簡素化が期待されています。

このカードはアンドロイドを搭載したスマホなら、マイナンバーカード用のアプリを入れることにより読むことができるようになります。これでは、スマホにマイナンバー情報が残ってしまう可能性があり、スマホにも十分なセキュリティが必要になります。

「マイナポータル」がヤバい！

マイナンバー制度にまつわるセキュリティ上問題点、4つ目は、2017年1月スタート予定のマイナンバー情報閲覧システム「マイナポータル」にあります。

「マイナポータル」からは、本人が自分のマイナンバー情報のやりとりの記録をすべて閲覧することができ、自分の情報を、誰が、いつ、どのような目的で利用したのかを確認することができます。

また、行政機関に保存されている自分の情報を確認したり、自分に関連する行政サービスのお知らせを受けたり、「電子証明書」を使って手続きをオンラインで行ったりと、さまざまな機能やサービスが「マイナポータル」上で提供されるようになる見込みです。

情報セキュリティの観点で問題になるのは、「マイナポータル」が、本人のマイナンバー情報がすべて集まる情報の集積地になること、そしてインターネットに直接接続している全国民の情報が見られるシステムであることです。

先ほどは、マイナンバーを扱う情報システムがあちこちの行政機関や自治体、関係各所に分散しているため、どこから情報が漏れるかわからない、と指摘しましたが、その際に漏れる情報は、特定の行政機関などにかかわる情報だけです。

たとえば、年金事務の手続きを行う自治体の窓口システムからマイナンバー情報が流出したとしても、そこに含まれるのは、個人の基本情報（名前、住所、生年月日、性別、マイナンバーと紐づく番号など）と、本人に紐づく年金関連の情報だけ。もちろん、ひとたびマイナンバーが知られてしまえば、それが一生涯変わらないことによるリスクはありますが、個人に関する情報を一度に根こそぎすべて持っていかれる可能性は低いと言えます。

ところが「マイナポータル」では、さまざまな行政サービスの現場で断片的にしか知りえなかった情報を、すべて一度に見ることができます。当然、悪意をもって情報を盗もうとする人は、手っ取り早くすべての情報を得られる「マイナポータル」を攻撃対象として選ぶでしょう。その「マイナポータル」が厳重なセキュリティで守られるようになっているかというと、執筆時で完成していないこともあり、詳細はわかるはずもありませんが、最も狙われやすいシステムなのは確実です。いまわかっている範囲でも、たとえばログインの仕様に決定的な問題があります。

「マイナポータル」にログインするには「個人番号カード」が必要になる予定です。先ほど見たように、「個人番号カード」をカードリーダーで読み取り、そこにICに保存された本人の電子証明書情報と、ユーザーが設定したパスワードの組み合わせで、システムの情報を閲覧できるようになるという仕組みです。

この、パスワードの複雑さが足りないのです。

現在公表されている仕様では、パスワードに使える文字種別は数字とアルファベットの大文字のみ、桁数は6桁から16桁となっています。簡単に破られないパスワードをつくるには、暗号化の手法にもよりますが、数字とアルファベットの大文字・小文字、各種記号を組み合わせで最低8文字は必要です。これに対し、アルファベットは大文字しか使えず、記号も使えず、短い6桁でも許容されてしまうため、パスワードの強度は不十分と言わざるをえません。

「マイナポータル」関しては、カードリーダーで読み込んだマイナンバーカードの情報は再度利用されるのかなど、「なりすまし」を許してしまいかねない懸念材料はたくさんあります。その対策が十分かどうかも懸念されるところです。「マイナポータル」の脆弱性をつかれ、システムへの不正侵入を許してしまえば、個人に関する情報がすべて丸裸にされてしまいます。氏名などの自己情報のみならず、年収がどれだけあるか、どんな医療機関にかかっているかといったことまで知られてしまうようになる可能性もあります。これだけ秘匿性の高い情報を扱うシステムには、それ相応のセキュリティ対策や脆弱性の管理をする必要があるのです。

すべてはITゼネコンのしわざ⁉

行政の情報システムを請け負う大手IT企業（システムインテグレーター）は、土木や建築の公共工事を行うゼネコンになぞらえて「ITゼネコン」と呼ばれます。「ITゼネコン」は、情報システムの元請け業者となって、システムの構築からメンテナンスまでを一括して受注します。

国民全員が使う可能性のある行政システムは、システムの規模が大きくなり、全国各地での現場対応が必要なこともあって、規模の大きな企業でなければ対応が困難で、実質的に大手の寡占状態になっています。

ここで問題になるのは、発注する行政の側が、情報システムのプロフェッショナルではないことです。行政官僚は専門分野についてはプロフェッショナルでも、情報システムや情報セキュリティに関してはしょせん素人です。もちろん現場の担当者は必至に勉強しているのでしょうが、それだけを長年手掛けている手練手管《てれんてくだ》の「ITゼネコン」に太刀打ちできるほどの知識や経験を備えていません。

そのため、情報システムの仕様策定にあたっては「ITゼネコン」の意向が大きく反映されるようになります。利用者でありスポンサー（納税者）であるはずの国民の利益は軽視され、受注側に都合のいい仕様がまかり通りやすくなってしまうのです。

情報システムに限った話ではありませんが、形のあるモノを製造して世に送り出す際にも、求められた機能や品質、安全性を満たしているかを確認するテストがつきものです。情報システムにおいても、求められる要件が複雑になればなるほどテストの工程にも手間と時間がかかるうえ、テストでは見つけきれない不具合が残る可能性が高くなります。

システム構築を請け負う側は、それを嫌って仕様を少しでも単純にしようとします。もちろん単純だからダメというわけではないのですが、セキュリティを犠牲にしてしまって

はいけません。いわば、行政の情報システムは「ＩＴゼネコン」の食いものにされていま
す。マイナンバーの制度とシステムが孕むだろう脆弱性も、この構図のなかから生まれて
いると言えるのです。

この状況で、果たして安心してマイナンバーが使えるでしょうか。とても「大丈夫だ」
とは言えません。

第3章
サイバー戦争のリアル

「制御システム」を攻撃したのは誰だ!?

危険に晒《さら》されているのは、個人の情報だけではありません。国家が国家に対し、実弾の代わりにサイバー攻撃を仕掛けるようなことも、現実に起きているのです。

サイバー攻撃の標的になるのは、国家の機密情報や重要なインフラです。ここでは、情報セキュリティ関係者によく知られる2件のサイバー攻撃について紹介しましょう。

2010年6月、イランを中心とする中東地域で、謎めいたマルウェアが発見されました。「マルウェア（malware）」とは、第1章でも説明したとおり、「悪意あるソフトウェア（malicious software）」のことで、その代表的なものがコンピュータ・ウイルスです。

「スタックスネット（Stuxnet）」と呼ばれたマルウェアの主な感染先は、イランの複数の原子力開発関連施設でした。それらの施設で、数万台のコンピュータが「スタックスネット」に感染したと報じられたのです。当時の報道では、実害は確認されなかったものの、原子力関連施設の制御システムを標的にしていることが明かされ、イラン政府当局は「西側諸国による攻撃」との見方を示しました。

イラン政府がそう思ったのも無理はありません。「スタックスネット」は、じつに複雑かつ緻密につくられたマルウェアで、生半可な知識や技術でつくれる代物ではなかったからです。

そこには、情報セキュリティの専門家たちを驚かせたポイントがいくつかありました。

まず最初のポイントは、「スタックスネット」が標的としていたのが、工業施設の制御システムだったことです。

従来、国や企業を襲うマルウェアが標的としていたのは情報システムで、そこから有用な情報を盗むのが主流でした。情報システムは、直接・間接にインターネットとつながっているのに加え、世の中で広く使われている製品や技術でつくられることが多いという特徴があります。

コンピュータ・システムというのは、要するにソフトウェアのことです。ソフトウェアも人間がつくるものですから、どこかに必ず弱点、穴があります。その穴を「脆弱性《ぜいじゃくせい》（セキュリティ・ホール）」といい、マルウェアはこの穴を突いて悪さをしようと試みます。

どんなシステムにも必ず脆弱性はありますが、世に広く出回っている製品や技術ほど弱点を探され、ひとたびそれが見つかると、その情報はすぐに広まってしまうのです。

マルウェアの攻撃対象にされやすいのは、「侵入しやすく、攻撃しやすい」システムです。インターネットと直接・間接につながっているということは、外から侵入するルートがあることを意味しますし、一般的な技術でつくられているということは、より多く脆弱性の問題を抱えているであろうことを意味します。すなわち、情報システムは恰好《かっこう》の攻撃対象であり、そのために情報セキュリティで気をつけるべきは「情報システム」だと考えられていました。

これに対して「制御システム」は、通常ならインターネットと切り離されていることに加え、特殊な技術でつくられていることが多い、言うなれば「侵入しづらく、攻撃しづらい」システムです。その制御システムを攻撃対象としていたことから、「スタックスネット」はそれまでなかったタイプの新しいマルウェアであると、情報セキュリティ関係者たちは受け止めました。

もうひとつ専門家たちを驚かせたのは、当時知られていなかった脆弱性を4つも突いていたことです。未知の脆弱性を狙ってマルウェアをつくるには、新たに脆弱性を発見することが必要ですが、それを4つも発見し、しかも組み合わせて一つのマルウェアにすることなど、専門家でもその目的が想像できないことだったのです。

犯人はアメリカだった！

それからしばらくすると、さらに驚くべきことが明らかになりました。当初は「実害がなかった」と考えられていた「スタックスネット」ですが、原子力設備を停止させていたことが伝えられたのです。当初「実害がなかった」とされたのは、制御システムの動作を監視するシステムに対し、制御システムが正常に動いているように見せかける細工をしていたからでした。

ここまで高度なマルウェアを開発するには、人や技術、知識だけでなく資金力も必要なはずです。「スタックスネット」の開発には多額の費用がかかっているはずです。

後にフィンランドのセキュリティ企業が発表したレポートでは、アメリカの関与が指摘され、最初は否定していたアメリカも結局、関与を認めました。セキュリティ関係者に衝撃を与えたマルウェアは、アメリカがイランに対して仕掛けたサイバー攻撃だったのです。

もうひとつ紹介したいサイバー攻撃は、「スタックスネット」より少し前のものです。

2007年9月6日、イスラエル軍がシリア北部の核開発関連施設を空爆したとのニュースが報じられました。このとき世界の軍事関係者は、なぜシリアの防空レーダーが、領空に侵入してきたイスラエル軍の戦闘機を検知できなかったのか疑問を持ちました。

その後のさまざまな調査の結果、米国軍がイスラエル軍に協力し、シリアの防空レーダーにサイバー攻撃を加えていたことが明らかになりました。それによりシリアはイスラエル軍機の侵入を許し、抵抗する間もなく空爆を受けたのです。

これは、サイバー攻撃と物理的な攻撃を統合した恰好の例です。それにより、自軍の被害を少なくするとともに、相手国へ的確にダメージを与えることができます。

「スタックスネット」のように、目に見えないところで相手にダメージを与えるサイバー攻撃も恐ろしいですが、サイバー攻撃はリアルな戦争と結びつくこともあります。そのときサイバー攻撃は、リアルな戦争の遂行を助ける戦術として組み込まれているのです。

米中サイバー戦の舞台裏

アメリカはサイバー攻撃を仕掛ける一方というわけではありません。他国からのサイバー攻撃も受けています。

それは情報セキュリティ関係者のあいだでは周知の事実でしたが、明るみに出たのは、2015年9月末、中国の習近平《しゅうきんぺい》国家主席がアメリカを訪問し、オバマ大統領と首脳会談をしたときのことです。オバマ大統領は、米国企業の知的財産が中国のサイバー攻撃の脅威にさらされていることに重大な懸念を示し、習近平国家主席はそれに一定の配慮を見せました。

中国はそれまで、むしろ中国がアメリカによるサイバー攻撃の被害者だ、という態度を示していました。しかし、「どちらの国も知的財産を盗むサイバー攻撃を行わない」ことで合意するとともに、オバマ大統領の要請により、中国国内でアメリカ向けにサイバー攻撃を仕掛けていた24名を逮捕したのです。

ただし、その合意にどこまでの実効性があるかはわかりません。この合意直後に、中国からのサイバー攻撃と思われるセキュリティ侵害が、米国企業で複数検出されたとの報道もあるからです。

また、逮捕された24名の中国人は、国から裏切られたという印象を抱いたことでしょう。というのも、彼らは、中国の国営企業からの依頼で、米国企業の機密情報を盗み出していたからです。

中国人民解放軍には、地域別にサイバー攻撃を仕掛ける部隊があることが知られています。アメリカを攻撃するのは上海《シャンハイ》に拠点を構える「61398部隊」で、日本を攻撃する部隊は「61419部隊」と呼ばれ、青島《チンタオ》に拠点があります。そのほか、ヨーロッパや韓国、東南アジア、アフリカ各国などを標的にしたサイバー部隊があるといわれ、サイバー軍の規模は計数千人から数万人と考えられています。

もっとも、中国に言わせれば、それは「攻撃」ではなく、有事に備えた「諜報《ちょうほう》活動」ということになるのかもしれませんが……。

中国がこのように半ば公然とサイバー攻撃を仕掛けるきっかけになった背景には、1999年、当時の人民解放軍の大佐2人が発表した「超限戦」と呼ばれる現代の戦争論があります。従来の戦争のような物理的な攻撃だけではなく、諜報活動やサイバー空間も含めて、あらゆる手段で制約なく戦う考え方です。アメリカもこの考え方を手本にしていると言われています。

イランやシリアにサイバー攻撃を仕掛けたアメリカにも、もちろんサイバー軍は存在します。安全保障の分野で、サイバー空間は「陸・海・空・宇宙」に次ぐ領域と考えられており、2016年現在、世界40ヵ国以上がサイバー戦の専門部隊を擁しています。

日本にはサイバー戦を遂行できる部隊は存在しませんが、自衛隊に「サイバー防衛隊」が設置されました。その司令塔の役割を担うことも視野に入れ、2015年1月には、「サイバーセキュリティ戦略本部」と「内閣サイバーセキュリティセンター（NISC）」が、それぞれ内閣と内閣官房に設置されています。

「ハッカー」とは何者なのか

ところで、「ハッカー」とは何者でしょうか。一般的には、自分のものではないコンピュータに侵入して悪さをする人間を「ハッカー」と呼ぶことが多いようです。

ところが、言葉の本来の意味では、この使い方は正しくありません。「ハッカー（hacker）」とは、英語の動詞「ハック（hack）」に、人を表す接尾辞「er」を付けた言葉です。「ハック」には「叩き切る」という意味がありますが、俗語的な使い方としては「うまくやり抜く」という意味もあります。

「ハッカー」という言葉がコンピュータの世界で使われ始めたときには、「コンピュータをうまく使いこなし、意外なこと、難しいと思われていたことを難なくやってのけてしまう腕利きのエンジニア」を指していました。「仕事や生活を便利にする技」が「ライフハック（Life Hack）」と呼ばれるのと同じような感覚で、「ハッカー」はちょっとした称賛の対象だったのです。

その言葉が、悪さをする人のことを指すようになったいきさつには長いストーリーがあるのですが、それはともかく、ここ最近、「知識や技術をいいことのために使うハッカー」のことを「ホワイトハッカー」と呼び、反対に「悪さをするハッカー」を「ブラックハッカー」と呼ぶことが増えています。英語ではそれぞれ、「ホワイト・ハット・ハッカー（white hat hacker）」、「ブラック・ハット・ハッカー（black hat hacker）」と言ったりもします。帽子の色で善悪を表しているわけです。

ちなみに、「ブラックハッカー」に近い言葉に、「クラッカー（cracker）」という言葉もあります。語源は「クライムハッカー（crime hacker：罪を犯したハッカー）」ともいわれ、本来の使い方としては、「ハッカー」が善、「クラッカー」が悪を指していましたが、その言葉は一般には浸透しませんでした。

前置きが長くなりましたが、サイバー戦争やサイバー犯罪から国や組織の情報を守るために、「ホワイトハッカー」を養成しようという動きが日本でも起きています。2020年に開かれる東京オリンピック・パラリンピックに向けて、他国からのサイバー攻撃が増えると予測されていて、それに備えておこうというわけです。

その動き自体は、情報セキュリティに携わる一人として私も歓迎したいところですが、じつは、誰が「ホワイトハッカー」で誰が「ブラックハッカー」かというのは、そう簡単に分けられることではありません。

先に紹介したアメリカや中国でサイバー攻撃を仕掛けた人たちは、国家の利益のためにそれに関わっているわけで、彼ら自身の「正義」に従っていると言えます。米中サイバー戦争の例では、アメリカから見れば、攻撃を仕掛ける中国のハッカーは「ブラックハッカー」ですが、中国から見れば彼らは自国を発展させる「ホワイトハッカー」なのです。

国や文化圏が異なれば「正義」の定義も変わります。目に見える戦争が「正義」の衝突によって起こるように、サイバー戦争が繰り広げられる背景にも「正義」の衝突があるのです。

それと同じように、「ホワイト」と「ブラック」の線引きをするのも、あまり意味がありません。国が違えば法律は異なり、攻撃を受けた側では違法でも、攻撃している側では合法なこともありうるからです。

さらに、法律的にグレーな領域というのも存在します。国家の安全保障や諜報《ちょうほう》活動もその一例です。サイバー攻撃と言えないまでも、各国のサイバー軍や諜報機関が、情報収集のためにサイバー空間でさまざまな動きをしているのは間違いないでしょう。

ちなみに日本の場合、2000年まではハッキング行為は直接法に触れることはありませんでした。同年2月に「不正アクセス禁止法」が施行され、他人のコンピュータに侵入することが禁じられるようになったのです。そして、ウイルス作成と保持に関しては、

2011年の刑法改正により「不正指令電磁的記録に関する罪」が新設され、サイバー犯罪となりました。

「サイバー基地」を整備する

ここで、サイバー戦争がどのように行われているか、その裏側を少し覗《のぞ》いてみましょう。

サイバー戦争というのは、大きく2つに分けて考えることができます。事前の「諜報活動」や水面下の「工作活動」にあたる部分と、攻撃が顕在化し実際に被害を与える「戦闘行為」にあたる部分です。前者はすなわち、平時における準備活動のことです。

サイバー戦争がリアルな戦争と最も大きく異なる点は、平時と有事の境目がきわめて曖《あい》昧《まい》なことです。リアルな戦争においても「諜報活動」や「工作活動」が重要な意味を持ちますが、「戦闘行為」の目的が相手側の機密情報を取得することにあった場合、「諜報活動」とその「戦闘行為」を区別することは困難です。

また、「戦闘行為」で相手側に的確なダメージを与えるには、平時の準備活動こそが物を言います。リアルな戦争においても、平時に戦闘機や戦艦、ミサイルなどの兵備を整え、どう攻め込むかの戦略を入念に練っておくように、サイバー戦争においても、対象をどのようにして攻撃するか、その手法やシナリオを入念につくり上げておく必要があります。そのため、サイバー戦では準備が95％以上を占めると言われています。

平時の準備活動において何より重要なのが、国外各地に、戦闘行為の拠点となりうる「サイバー基地」をつくっておくことです。

相手に攻撃を加えるための拠点が必要なのは、リアルな戦争においても同様ですが、「基地」の概念はリアルとサイバーでは異なります。リアルな戦争においては、たとえば戦闘機が基地から攻撃対象に到達できるか、物理的な地勢や距離が制約になるのに対し、サイバー戦争の場合は、距離の制約を受けません。にもかかわらず、「サイバー基地」が必要になるのは、こちらの身元を判別されることなく、目的を達成する必要があるからです。

インターネットに接続するあらゆる機器には、「ＩＰアドレス」と呼ばれる番号が割り振られています。自国のコンピュータから素直にサイバー攻撃を仕掛ければ、「ＩＰアドレス」からたちどころに、攻撃国が判明し遮断されてしまいます。中国のように、外国のインターネットサービスへの依存度が小さければ、海外との接続を遮断しても、インターネットが正常に動作します。つまり中国は、サイバー攻撃から守りやすく、他国は中国を攻撃しても成果を上げにくいのです。ところが、事前に攻撃対象国―たとえば中国に「サイバー基地」をつくっておき、そこから攻撃を仕掛ければ、相手側から見れば、自国内から攻撃を受けたように見え、通信を遮断することが難しくなります。

また、ある特定の国がサイバー攻撃を仕掛けてくることが明らかになっていれば、それに対する防御策を講じることも容易になります。相手の防御網をかいくぐるためにも、国外のあらゆるところに「サイバー基地」をつくっておく必要があるのです。

「サイバー基地」をつくるということは、具体的には「攻撃対象になりうる国に、攻撃側が自由に使えるコンピュータを確保しておくこと」です。それにはいくつかの方法があり、相手国にあるサーバーに密《ひそ》かに侵入したり、相手国でサーバーを借りてそこを拠点にしたり、要するに、攻撃される側からすれば、自国内のコンピュータから攻撃されたと見えるような環境を整えておくのです。

いまの話を裏返せば、それがそのままサイバー攻撃からの防御策になります。

たとえば、日本やアメリカは誰でも簡単にレンタルサーバーを借りることができますが、中国はウェブサイトの設立が許可制で、簡単にサーバーを持てるわけではありません。つまり、日本やアメリカでは、その気になれば他国が簡単に「サイバー基地」をつくれてしまうのに対して、中国に「サイバー基地」をつくろうと思っても、サーバーを借りるのは容易ではなく、どこかのサーバーに侵入しなければならないということです。

さらに、中国ではグーグルやフェイスブックの使用を禁じていて、中国独自の検索サービス（百度＝バイドゥなど）やSNS（微博＝ウェイボー、人人網＝レンレンワンなど）を展開しています。グーグルなどのグローバル企業を排斥し、自国内で完結できるようにしているのは、おそらく、サイバー戦争における防衛を見据えてのことです。

検索サービスの事業者には、誰が何に興味を持っているかが筒抜けです。たとえば中国のパソコンユーザーが「ペンタゴン」「攻撃」などの言葉を頻繁に検索していれば、検索事業者には、何か不穏な動きがあることは察知できます。そのサービスを提供しているのがアメリカの事業者だったら、即座に対策を講じるでしょう。

そこで、中国は独自の検索サービスを立ち上げているわけです。SNSのメッセージについても同様です。いわば、グーグルやフェイスブックがなくても自国のインターネットが機能するように、中国は平時から備えているわけです。

国家と敵対するハッカーたちの「正義」

日本では、自衛隊のなかに「サイバー防衛隊」という組織――ネットワークの監視及びサイバー攻撃発生時の対処を24時間体制で実施するとともに、サイバー攻撃に関する脅威情報の収集、分析、調査研究等を行う組織――はあるものの、サイバー戦争を遂行する組織は2016年3月時点で存在しません。もちろん、「サイバー防衛隊」は情報システムを守る部隊ですが、それはあくまで自衛隊のシステムを守ることが目的です。

サイバー軍にしろ自衛隊にしろ、サイバー攻撃を仕掛けるのも守るのも、どちらも国から雇われた「国家公務員」であり、ひとつの「職業」です。その国の体制側から見れば「ホワイトハッカー」で、統計的には「ハッカー」の多くは公務員であると言えます。

もちろん、すべての「ハッカー」が公務員であり、国のために働くというわけではありません。たとえば、「アノニマス」と呼ばれるハッカーを含む、非常に緩やかな集まりは、国家をはじめとするさまざまな権力の不正や横暴——情報システムへの侵入によって得たとみられる情報を、白日の下に晒《さら》してきたメンバーがいました。「アノニマス（anonymous）」とは「匿名」の意味で、インターネット空間の自由を守ろうという「正義」のもとに、活動家も含むゆるやかな国際的ネットワークです。

2011年、ソニーの「プレイステーション・ネットワーク」（ソニー・コンピュータエンタテインメントが提供するオンラインサービス）の個人情報が流出した事件に、この「アノニマス」のなかの一グループが関与していると指摘されています。

彼らがソニーを攻撃した理由は、ソニーがプレイステーション3を違法に改造しようとしたユーザーに対し、プレイステーション・ネットワークへの接続を制限したことにあるようです。このソニーの対応を、「アノニマス」に参加するハッカーの一部が「インターネットの自由を脅かす」として、ソニーに攻撃を加えたというのです。自業自得のような気もしますが、「ハッカー」と称される人たちのなかには、インターネット上で自らの行動が制限されることを徹底して嫌う人たちがいるのも事実です。

また、インターネット活動家として知られるオーストラリア人のジュリアン・アサンジも、政府や大企業などの機密情報を公開する「ウィキリークス」というサイトを運営しています。2010年に入って、イラク戦争やアフガン戦争に関するアメリカの機密文書が立て続けに公開され、大きなニュースになりました。

それらの情報源は、組織に属する人からの内部告発や、情報システムに侵入して得たものだとされます。「権力の横暴を防ぐ」という彼らの「正義」によって、機密情報の漏洩《ろうえい》を正当化しているのです。当然、アメリカにとっては悪です。

2013年、「アノニマス」や「ウィキリークス」以上に世界を震撼《しんかん》させたのが、エドワード・スノーデンがアメリカの機密情報を公にした一件でしょう。彼はアメリカの諜報機関であるNSA（国家安全保障局）やCIA（中央情報局）の一員として、つまり「公務員」として、諜報活動に関わっていました。ただ、これらの機関がアメリカの通信企業の協力のもと、市民の情報を不正に収集していることを知り、憤りを感じるようになります。彼は彼自身の「正義」にもとづいて、NSAとCIAの機密情報を自らのハッキング技術を駆使して入手し、メディアにリークすることにしたのです。

彼が2015年9月にツイッターを始めたことはメディアでも報じられ、2016年1

月時点で180万人近いフォロワーがいます。彼のツイッターのプロフィール欄には、「政府のために働いていたが、いまは公共のために働いている（I used to work for the government. Now I work for the public）」とあり、彼自身の「正義」にかける信念が窺《うかが》えます。

けれども、視点を変えて機密を漏らされた側から見れば、「アノニマス」も「ウィキリークス」もスノーデンも、自分たちの活動を邪魔する最悪な存在でしかありません。

諜報活動や情報セキュリティに携わる人にとっては、諜報機関が仮想敵国だけでなく、自国の市民の情報も収集してテロを未然に防いでいることは周知の事実でした。「アノニマス」や「ウィキリークス」やスノーデンが、彼らの「正義」にもとづいて機密情報を漏らすのは、迷惑以外の何物でもありません。

ともあれ、お互いの「正義」の衝突からサイバー戦争が起こるように、これらの機密情報漏洩事件においても、国家と個人の「正義」が衝突していると言えます。

ここでひとつ、機密情報を漏らされた諜報機関の側が、一方的に打撃を被ったわけではないことを補足しておきましょう。というのも、スノーデンが漏洩した数々の機密文書と言われるもののなかには、5％の偽物が含まれていたと言われているのです。

情報というのは、それが本当のことであるからこそ意味を持ちます。目の前にある情報が本当かどうか判断できなければ、情報を得た側も、それを有意義に活《い》かすことができません。ましてや、偽物の情報を摑《つか》まされてそれを本物だと信じてしまえば、むしろ損失を被りかねないのは、偽情報をもたらされた側です。

NSAやCIAは、手練手管ぞろいの諜報機関だけあって、そのあたりのことは十分に心得ていました。スノーデンのような内部の諜報員の裏切りによって、機密情報が漏れたときに備え、膨大な情報のなかに、5%の偽物情報をあらかじめ紛れ込ませていたのです。5%の偽物情報があることが本当であっても嘘であっても、伝達ミスによる誤った情報や、実際には偽情報が含まれていないケースがあるとしても、情報が100%信頼できないという状況を作ることが、情報の価値を下げることになります。そこまでの備えがあってこそ、現代の情報戦を戦い抜くことができると言えるでしょう。

あらゆるモノがハッキングされる

章の締めくくりとして、ハッカーたちが操るハッキングスキルにどのようなものがあるか、概要をざっと紹介しておきましょう。

じつはハッキングというのは、第1章や第2章で触れたコンピュータ（パソコン、サーバーなど）やスマートフォンだけでなく、デジタルカメラや家電など、電子制御されるあらゆる機器が対象になりえます。

デジタルカメラなんて、ハッキングしてどうするの、と思われるかもしれませんが、たとえば削除したはずの写真を復活させたり、通信機能を備えたものであれば、離れたところからデータを抜き取ったり、遠隔操作して撮影したり、ということができるのです。

最近では、あらゆる機器がインターネットにつながる「ＩｏＴ（Internet of the Things：モノのインターネット）」と呼ばれる技術が注目を集めています。モノがインターネットにつながることで、画期的な機器やサービスが生まれる可能性はありますが、それらがインターネットにつながっているということは、侵入や遠隔操作の脅威に晒されることも意味します。

「ＩｏＴ」のなかの目玉技術のひとつと期待されているのが自動車です。クルマがインターネットにつながることは、クルマが単なる乗り物ではなく、情報端末にもなることも意味します。それは、クルマという製品の性質を一変させる可能性を秘めていますが、さまざまな可能性が広がると同時に、脅威も大きくなるのです。

たとえば、自動運転が可能なクルマがインターネットにつながると、運転しているクルマが乗っ取られてしまうという、SF映画さながらの出来事も、現実として起こりうる事象です。

クルマのように大きなモノであれば、ハッキングされないように仕掛けを盛り込むこともできますし、当然そうした備えも施されるはずです。が、もっと小さなモノだと、物理的な制約から十分なセキュリティ対策を施すのが難しい場合もあります。

近年話題のドローン（小型無人飛行機）がその好例です。玩具の延長で開発されているものは、セキュリティ対策はまるで考慮されていないのが実情で、離れたところから操縦者のコントロールを奪い、墜落させるようなことは簡単にできてしまいます。

このようにハッキングする対象というのはさまざまで、それぞれに独自のハッキング技術があります。そうした技術をすべて合わせると、世の中全体で数千種類にもなると考えられます。そのうち1つの分野でも極められれば、その人はもう立派な「ハッカー」です。

どんなに優秀なハッカーといわれる人でも、ひとりの人間が精通できるのは多くても10～20分野程度。とても数千種類もの技術すべてに精通するのは不可能です。ハッカーというと、テレビドラマや映画では、ひとりでなんでもこなしてしまう天才として描かれることが多いのですが、残念ながら現実にはそのようなことはありえません。ハッキング技術はコピーが容易な技術であるため、最初に発見したり、開発するには高度な技術が必要だとしても、それを利用したり、マネたりすることは簡単です。ですから、現実のサイバー戦では（防御も含めて）、得意分野の異なる人を集めたチームと、その成果を効率的に共有できるチームで事にあたるのが重要なのです。

広範にわたる技術を漏れなくカバーできるように技術者を集めて育てるのは容易なことではありません。「サイバー戦は準備が大半を占める」と言われますが、それは、こういった人材の手当ても含んでのことです。情報戦は、誰かを直接殺《あや》めるようなことはありませんが、それだけに終わりがなく、消耗戦になってしまいがちなのです。

第4章

企業情報もダダ漏れ！

恩を仇で返された旧・新日鉄

「産業スパイ」と聞くと、映画やテレビドラマのなかの世界だと思う人もいるかもしれませんが、現代の日本でも企業の情報を狙ったスパイ活動が現実に行われています。

その一例として、日本最大手の鉄鋼メーカー、新日鉄（現・新日鉄住金）の虎の子の技術が、韓国鉄鋼大手のポスコに不正取得されたケースをご紹介しましょう（情報盗用があったころの社名は新日鉄ですが、同社は２０１２年に住友金属工業と合併して新日鉄住金へと名前を変えています。以下、時期に応じて新日鉄と新日鉄住金を使い分けます）。

この事件、２０１５年秋口にかなり頻繁に報道されていたので覚えている人もいるかもしれません。同年9月末、新日鉄住金とポスコとのあいだで和解が成立し、新日鉄住金はポスコから約３００億円の和解金の支払いを受けることを発表しました。

ポスコが不正に入手した情報は、「方向性電磁鋼板」と呼ばれる鉄鋼製品の製造技術です。この製品は、発電所の変圧器の心臓部である「鉄心」に使われる特殊なもので、新日鉄が20年以上かけ、技術の粋を凝らして開発した「鉄の芸術品」とも呼ばれる製品です。

新日鉄は、同種の製品でシェア約3割を誇るトップメーカーでしたが、2004年ごろからポスコが製造技術を向上させ、シェアも拡大させてきました。この急激な追い上げに対し、新日鉄は情報の不正取得があったのではと疑念を抱きます。製造に必要な特殊技術を守るため、特許を取得せず（特許を取得すると、製造法などを公開しなければならないので）、社内で技術情報を厳格に管理してきたからです。

きっかけとなったのは、ポスコの元社員による、ある証言でした。2007年、ポスコの機密情報を中国企業に横流ししたとして韓国で訴えられたポスコの元社員が、「中国企業に渡した技術は、もともとは新日鉄のもの」と衝撃的な発言をしたのです。裁判では、ポスコに情報を渡したとされる新日鉄の元部長級社員の実名も明かされました。

その発言をきっかけに、新日鉄は裁判所を通じて証拠保全手続きに乗り出し、退職後に情報を売り渡したとされる同社の元部長級社員の自宅から、ポスコとの通信履歴などの証拠を確保しました。それをもとに、2012年4月にポスコや元社員に、約1000億円の損害賠償と製造販売の差し止めなどを求める訴訟を起こしたのです（ポスコとの和解成立後も元社員に対する訴訟は係争中）。

この事件が世間の耳目を集めたのは、韓国企業が情報盗用を認めたことや和解金額の大きさに驚かされただけでなく、日本企業から盗まれた情報が、盗んだ韓国企業を経由して中国企業に対しても漏洩《ろうえい》していたからこそでしょう。そのために新日鉄は和解金を得ることができたわけですが、こんな偶然はめったに起こるものではありません。この手の情報漏洩事件は、疑わしいことがあっても、証拠をつかめず歯噛《はが》みするしかないというのが大半です。実際に情報が漏れた案件は、漏洩が明らかになった事件の100倍以上はあると考えられています。

もうひとつの驚きは、ポスコという企業の設立に、新日鉄の前身となる企業が深く関わっていることです。

1965年の日韓基本条約締結の際、韓国が日本の植民地支配に対する賠償請求権を放棄する代わりに、韓国内に製鉄所を立ち上げるため、八幡製鉄や富士製鉄などが技術支援を行いました。それをきっかけにして生まれたのがポスコで、技術支援をした八幡製鉄と富士製鉄は後に合併して新日鉄になり、新日鉄は住金金属工業と合併して新日鉄住金となります。会社設立の恩を仇《あだ》で返された形になったわけですから、関係者の驚きと怒りは相当だったことでしょう。

東芝も標的に

日本企業が狙われた情報漏洩事件をもう一例紹介しておきましょう。日本を代表する大企業のひとつである東芝が、半導体技術を韓国の半導体大手ＳＫハイニックスに不正取得された事件です。

２０１４年３月、東芝は、自社の技術を不正な方法で取得したとして、ＳＫハイニックスに対して約１１００億円の損害賠償を請求する訴訟を起こしました。事件の決着を見たのは、同年12月のことです。ＳＫハイニックスが和解金約３３０億円を支払うことで両社は合意しました。

この一連の事件を整理すると次のようになります。

東芝から技術情報が漏れたのは、２００８年1月から5月ごろのこと。東芝と技術提携関係にあった米国サンディスク社の社員が研究データを無断でコピーして持ち出し、その後、ＳＫハイニックスの前身であるハイニックス半導体に転職、さまざまな形で情報をハイニックス社の社員に開示していたということです。

なおハイニックス社は、東芝から訴えられたのと同じ2014年3月にサンディスクからも提訴され、2015年8月にこちらも和解が成立しています。また、まさに情報漏洩を行った元サンディスクの社員は逮捕され、2015年3月に懲役5年、罰金300万円の有罪判決が下されました。

このようにして企業の機密情報漏洩が起こると、その影響はまわりまわって私たち一人ひとりの生活にも及びます。製造業は、日本のなかで外貨を獲得できる重要な産業のひとつです。メーカー各社の競争力が強ければ強いほど収益も増え、それにより従業員や取引企業が潤うのはもちろんのこと、税収が増えれば国の経済全体にもプラスの効果が出ます。

そうした貴重な収益の源泉たる知的財産が海外に漏洩し、コピー商品が出回ることになっては、企業の損失たるや絶大です。というのも、情報を盗用した側は研究開発費をさほどかけずに技術を手にすることができるため、同じ技術や製品を安価に提供することができ、シェアを奪うことになるからです。企業の情報漏洩が続くと、結局のところ、国の経済全体が打撃を受けることにつながるのです。

いちばんの情報漏洩源は「人間」

製造業が顕著な例ですが、ノウハウの多くは人に付随しています。設計図面や製造方法を記した文書などは目に見えるかたちになっていますが、それらでは表現しきれない暗黙《あんもく》知《ち》が、技術の肝になっていることも少なくありません。そのため典型的な（あるいは古典的な）「産業スパイ」は、技術やノウハウを持った人を狙い、有形情報とあわせて、目に〝見えない〟属人的な知識や経験を得ようとします。

それにはいくつかのケースがあります。競合企業が人材ごと引き抜いたり、関係者が競合企業に情報を売り渡したり、転職の際にお土産として機密情報を持っていったりする、などです。新日鉄住金の事件は、退職後に情報を売り渡したようなので2番目のケース、東芝の事件は転職の際のお土産だったので、3番目のケースに該当するでしょう。

人材ごと引き抜くケースは、ひところ韓国企業の攻勢が話題になりました。日本の半導体業界や家電業界が苦戦を強いられ、人員削減圧力が強まっているところに、韓国企業が日本の大企業の2倍にも相当する高額の給与を提示してスカウトしていたのです。

日本の業界の先行き不透明さと提示された好待遇に、そのとき多くの日本人技術者が韓国企業に転職しましたが、その後は1年、2年という短期間で解雇されるケースが少なくなかったようです。引き抜いた企業の側から見れば、一度ノウハウを取り込んでしまえば、給料を払い続ける意味がなくなってしまうからです。

内部の関係者が情報を競合企業に横流しするケースは、新日鉄住金の例が示すように、幹部クラスの社員が手を染めることが少なくないようです。その目的は経済的な見返りだったり、将来の自分のポストを確保することだったりとさまざまですが、機密性が高い情報ほど価値は高く、金銭的な対価も高くなります。

退職時に有用情報を持ち出してしまうケースも後を絶ちません。アメリカのシリコンバレーでは、じつにエンジニアの約半数が退職時に情報を持ち出したことがあるといわれていますし、国内でも、情報持ち出しに厳しいといわれる大企業が独自に調査したところ、退職者の15%が社内資料を持ち出していたことが判明しました。

情報管理の意識が高い企業でこの数字ですから、そうでないところはかなりの程度、持ち出しが常態化していると考えられます。

持ち出される情報で多いのは、製造業なら設計図面や製造方法、ＩＴ業界ならエンジニアがつくったソフトウェアプログラムです。会社の業務でつくったプログラムの知的財産権は、会社に帰属するのが通例ですが、エンジニアとしては、自分がつくったものは自分の自由にできると思ってしまうのかもしれません。

もちろん、会社とのあいだで適切な取り決めをすれば、エンジニアがつくったものを、エンジニアが転職後も自由に使えるようにすることは可能です。なかには、会社の業務でつくるプログラムを会社の資産とせず、オープンソース・ソフトウェアとして公開するというやり方もあります。この方法だと、最初から全世界に対してプログラムの中身（ソース・コード）を公開するわけですから、会社がその使い道を制限することはできません。

退職時に情報が漏れるパターンで最近多いのが、紙の資料としてではなく、電子データ、すなわちコンピュータのファイルの形で流出することです。その方法にもバリエーションがあります。メールに添付して送る、フラッシュメモリのような外部記憶媒体にコピーする、「ドロップボックス（Dropbox）」や「グーグルドライブ（Google Drive）」、マイクロソフトの「ワンドライブ（OneDrive）」のような、ウェブ上でファイルを共有するオンラインストレージサービスを使うなど、ＩＴ技術やＩＴサービスの発展によって情報共有が簡単になるのに伴い、情報が漏洩する可能性はますます高まっていると言えます。

人間を介して情報が漏れるもうひとつのルートに、海外から一時的に受け入れた研修生が、研修終了後、自国に戻る際に情報を持っていってしまうこともあります。研修生の全員が全員、最初から悪意があって日本にやってくるわけではないでしょうが、帰って情報を売ればお金になるとわかれば、つい出来心でやってしまうというのが現実でしょう。

また、受け入れる企業の側のセキュリティ対策が十分なら、そういうことは起こらないはずです。誰でも彼でも、研修生であっても重要な情報にアクセスできる環境を野放しにしているような企業にも問題はあります。

人から情報が漏れるのを防ぐには

こうした人を介した情報漏洩は、２０１５年7月に改正された「不正競争防止法」によって「営業秘密侵害行為」に対する罰則が強化され、法による抑止力で減少へ向かうことが期待されています。

とはいえ企業の側も、法律にお任せという態度ではなくて、情報漏洩のリスクを減らすために、やるべきことをしなければなりません。

最近は、社員や関係者と「機密保持契約」を結ぶという慣習も少しずつ広まりつつあります。それを有効に機能させるため、本来ならやっておかなければならないのに意外と忘れられていることがあります。それが、機密のレベル分けをして、そのレベルがすぐに判別できるようにしておくことです。

たとえば、機密性の高さに応じて「極秘」、「秘密」、「重要」のようにレベルを分け、誰がそれぞれのレベルにアクセスできる権限を持っているかを明確にしておく必要があります。そのうえで、配布される文書などについても、機密性が一目でわかるようにしておかなければなりません。

すべての情報を秘密にしてしまえばいい、と思う人もいるかもしれませんが、それは間違いです。そんなことをすれば、本当に重要な情報でさえも一般的な情報と同じように扱われてしまい、「秘密」として特別に守ることができないからです。重要度が低い情報を厳重なセキュリティで保護しようとすると、保管場所や閲覧者の制限、相手側の確認、パスワードの設定などとても面倒くさい手続きが必要とされるでしょう。そうなると、作業が業務とかけ離れてしまい、ルールを守ることができなくなり、無視する人たちが現れて、全体のセキュリティレベルが落ちてしまいます。

一方、レベル別にすれば、重要な情報ほど取り扱える人が限られ、機密情報のハンドリングが楽になります。この作業を怠ると、「機密保持契約」が結ばれていようとも、保持されるべき「機密」が定義されていないため、機密情報を漏らした際にも責任を追及することが難しくなってしまいます。

これはどの企業でも導入すべき、基本的な仕組みですが、応用編としては、社内からの情報流出リスクを小さくするひとつの手として、電子データを共有、あるいは送付する経路を遮断する方法があります。

大企業でよく導入されているのは、オンラインストレージサービスの使用を禁止する方法です。社内からドロップボックスやグーグルドライブ、ワンドライブのようなファイル共有サービスにアクセスできないようにするわけですが、それだけだと社外の人とのファイルのやりとりが不便になるので、代わりに自社独自のファイル共有システムを持っているところが多いようです。

ただ、使い勝手が悪いケースや使いたい機能がないことも少なくなく、便利さを知ってしまった利用者に、「こっちのほうが安全だから」と別のサービスを使用することを納得してもらうのは、一筋縄ではいきません。

また、企業の情報システムを預かって運用するデータセンターでは、顧客企業の機密情報を扱うこともあるため、現場に私用のパソコンやスマートフォンを持ち込めないようになっているところが多いと思います。データセンターの入り口に、空港のセキュリティゲートみたいなものがあって、電子端末を持っていると機械が反応して、不正に持ち込むことができないようにしているところもあります。

会社からパソコンや電話が貸し出され、インターネットや電話網につながっている環境があれば、個人所有のノートパソコンやスマホ、携帯電話は、少なくとも仕事中は必要ないはずです。こうした私有の電子端末の持ち込みを禁止するだけで、セキュリティを強固にすることができます。

悪事を働かせないためには、悪いことをするとすぐバレるようにする必要があり、

「チェックしていますよ」ということがわかるような方法が有効です。

たとえば国内の銀行では、退職時にカバンの中身を調べられることがあるようですし、某外資系大手ＩＴ企業では、情報漏洩対策として、社員が退職する際、本人に通達することなく、貸与していたパソコンや備品を突如撤去することにしているようです。シビアと言えばシビアですが、社員でも安易に信じないというのが、情報漏洩を防ぐために必要な心構えです。ただし、仕事の引継ぎができない、という弊害はありますが。

情報漏洩で白黒付けにくいのが、その人が記憶している情報やノウハウの扱いです。紙の文書や電子データなら、持ち出せば即処罰の対象になりえますが、頭や体で覚えているだけでは、法律上問題になることはありません。ただし、それを競合企業に持って行って製品開発に活かすようなことがあれば、十分罰則の対象になります。

法を厳密に適用すれば、機密情報を覚えていて、家に帰って書き留めた時点で、機密情報そのものを持ち出したのと変わらないとされるのです。よこしまな考えをお持ちの方、やめておいたほうがいいでしょう。

あなたも「攻撃」の対象になっている⁉

このように、人から情報を盗み出すやり方は、情報を入手する側からすればコストがかかるのが難点でした。本章冒頭で紹介したように、競合企業から人を引き抜き、数年でお払い箱にするにしても、人材獲得の費用はかなり高くつきます。

それに比べると、競合企業の社内情報システムに侵入して情報を盗み出せれば、情報獲得に必要なコストと時間を圧倒的に減らすことができます。足がつかないように工夫して情報を盗み出すこともできるため、実行犯が逮捕される可能性も低く、「産業スパイ」のサイバー化が進んでいます。

ここのところよく使われるのは、「標的型攻撃」という手口です。

みなさんは、「サイバー犯罪といえば、サーバーへの攻撃」だと思っているかもしれません。大量の重要情報が保存されているサーバーを攻撃し、データを盗み出すようなことをイメージすると思います。しかし、最近のサーバーはきちんと運用されていれば容易に侵入することができません。現在のネットワーク構成では、インターネットから接続できるようになっておらず、正攻法で真正面から攻撃しようとしても、糸口が見つかりません。重要な情報が入っているサーバーに到達することはおろか、発見することすら困難です。

ファイルサーバーでよく利用されているOS「ウインドウズ・サーバー（Windows Server）」は、パソコン版ウィンドウズより制限がきつく、プログラムをダウンロードすることも、ダブルクリックで実行することもできません。ウェブ・サーバーでよく利用されている「リナックス（Linux）」も、昨今では、侵入できる脆弱性《ぜいじゃくせい》が少なくなっています。もちろん、適切にアップデートされ管理運用されている必要がありますが……。

一方、この「標的型攻撃」の特徴は、サーバーではなく社員や職員個人のパソコンを狙い撃ちして攻撃することにあります。

個人に狙いを定めるとは、どういうことでしょうか。ここで使われるのがメールアドレスです。社員や職員一人ひとりに割り当てられたメールアドレスに、いかにもよくありそうなメールを送りつけます。そのメールに、悪意あるプログラムファイルを添付しておいて、そのファイルを開かせることで社内システムに侵入するのです。

「そんな怪しいファイル、誰が開くのか」と思われるかもしれません。でも、敵もさるもので、ファイルが正常なワードやＰＤＦの文書であるかのように装い、いかにも開きたくなるような見出しでメールを送りつけてくるのです。成功率は低くとも、狙いを定めた組織の誰かひとりが引っかかれば、攻撃者の目的を達成する足がかりとなります。

そういう危険なファイルはウイルス対策ソフトがチェックするはずだから大丈夫、と思った人もやはり注意が必要です。攻撃側は、市販されているウイルス対策ソフトで検知されないことを確認したうえでメールを送りつけているのです。

２０１５年6月に、日本年金機構から約１２５万件の年金情報が流出したことが公表されました。このときに仕掛けられたのが「標的型攻撃」で、同年5月のうちに断続的に、日本年金機構の複数の職員に対して攻撃メールが送られていたことが明らかにされています。誰がどういう目的でこの攻撃を仕掛けたのか、この情報がどこでどのように使われているのかは、残念ながら解明されていません。

一般論ですが、「標的型攻撃」を仕掛けてくるのは、主に、中国系のハッキング組織と考えられています。日本企業や日本政府の情報に中国共産党が懸賞金をかけていて、それ目当てに攻撃を仕掛けてくると見られています。

大企業にしても政府系機関にしても、そこで働いている人全員が情報セキュリティに精通しているわけではありません。その隙をつくのが「標的型攻撃」で、年金機構の一件でも、機構は攻撃されたことに気がつかずにいたのです。政府の情報セキュリティを統括する「内閣サイバーセキュリティセンター（NISC）」が攻撃を検知して、事件は発覚に至りました。セキュリティの専門家がいないところでは、攻撃され放題になっている可能性もあります。

なお、2015年に改正された「不正競争防止法」では、情報流出を狙ってウイルス付きメールを送りつけただけで刑事罰に問えるようになりましたが、相手が国外にいて、さらに現地の警察の協力を得られなければ、日本の法律の効力を期待するのは難しいでしょう。

「標的型攻撃」の手口

ここで、「標的型攻撃」の手口をもう少し詳しく見ておきましょう。

攻撃側がとる第一手はメールを送りつけることです。前に触れたように、いかにもありそうなメールと見せかけて、添付ファイルやときにはリンクを開かせようとします。年金機構事件のときは、「『厚生年金基金制度の見直しについて（試案）』に関する意見」というタイトルがつけられていたようです。

すでに説明したように、その添付ファイル（あるいはリンク先）は、ウイルス付きのワードやＰＤＦファイルであったり、外見だけワードやエクセル、ＰＤＦに見せかけた実行ファイルであったりします。そのファイルを開くとメール本文と関連するようなもっともらしい内容が書いてあることが多いようです。

ファイルを開いた瞬間、そのパソコンはウイルスに感染してしまうわけですが、見た目にはファイルが開く以上のことは起こらず、たいていの場合はウイルス対策ソフトもウイルスだと検出できないため、ウイルス感染に気づくのは簡単なことではありません。

このときパソコンに感染するウイルスは、それ自体が悪さをするというよりも、外部からそのパソコンを遠隔操作できるようにする「遠隔管理ツール（Remote Administration Tool：ＲＡＴ）」というウイルスをダウンロードしてくることに特化したものです。

このように、何食わぬ顔をして攻撃対象内部の情報システムやコンピュータに忍び込むウイルスのことを、「トロイの木馬」と呼びます。

世界史で勉強する「トロイの木馬」については聞いたことがある人が多いでしょう。これはギリシア神話に登場するある種の兵器というか戦略のことです。ギリシアはトロイに戦争をしかけるも手詰まり状態に陥り、戦局を打開するためにトロイの都市の城門の前に大きな木馬を置くことを考えつきます。そのなかにはギリシアの兵士がたくさん潜んでいるわけですが、トロイの人たちに対して戦争の勝利の証《あかし》だとうまく信じ込ませ、その木馬を城壁の中に運び込ませます。戦勝を信じたトロイの人たちは喜んで酒を飲み、防備が手薄になった頃合いを見計らって、木馬の中から兵士たちが出てきて、労せずしてトロイを陥落させました。

それと同じように、コンピュータウイルスの「トロイの木馬」も、最初は変わったところがないように見せかけて攻撃対象のシステムやコンピュータに入り込み、それに成功すると、侵入先で具体的な悪さをしはじめます。「標的型攻撃」で使われる「トロイの木馬」ウイルスがするのは、本格的に悪さをする「遠隔管理ツール（RAT）」を標的の内部に手引きすることと言えるでしょう。

ここまでくると、攻撃側は「遠隔管理ツール」を使ってかなりやりたい放題のことができます。

はじめに仕掛けるのは、侵入したコンピュータにあるメールの情報をコピーすることです。それは次に「標的型攻撃」を仕掛けるターゲットを探すためで、つまり最初に感染したパソコンの持ち主のアドレス帳を使って、感染を拡大させていくわけです。メールの受信者からは、最初の感染者がメールを出しているように見えるので（これを「なりすまし」と言います）、疑われるリスクは小さいのです。

そのあと、何をするかは攻撃者の狙い次第ですが、コンピュータの中で重要なファイルを探したり、組織内のネットワークにつながっている他のコンピュータやサーバーへの侵入を試みて、機密情報や抜け道になりそうな穴がないかを探したりします。もちろん、探し当てた重要ファイルは、攻撃者がインターネット上のどこかに送っているはずです。

この「標的型攻撃」は感染を検知するのが難しい、非常にやっかいなシロモノです。メールを見ただけでは、セキュリティの専門家でも、それがウイルスかどうか判定することは難しいのです。

情報漏洩による被害を防ぐ最良の手立ては、社内に「トロイの木馬」を侵入させないこと。取引先や上司、部下からのメールや添付ファイルを一切開かないというシンプルなルールを徹底することです。しかし、そうするとまったく仕事にならない人も多いため、メールやインターネットをやめない限り侵入を完全に防ぐのは難しいのが現実です。

完全ではないにせよ、被害を最小限に食い止める方法としては、メールを開くパソコンと、機密情報を扱うパソコンを分ける、という手があります。普段使うパソコンでは、機密情報を扱わないことにするのです。

年金機構の情報流出では、「標的型攻撃」メールを開いたパソコンで、年金情報も扱っていたことが大規模な流出につながりました。機密情報を扱う会社や部署では、その轍を踏まないように、対策を講じることが重要です。

その廃棄品、大丈夫ですか?

会社や組織の情報は、思わぬところから漏れるものです。

パソコン上のデータは、記憶装置（ストレージ）に保存されています。それを廃棄する際の処分方法が不適切だと、廃棄したつもりが思わぬ人のところに渡り、情報が外部に流出してしまうことがあるのです。コンピュータで一般に使われる記憶媒体には、「ハードディスクドライブ（HDD）」や「ソリッドステートドライブ（SSD）」などがあります。そこには情報を書き込んだり、消去したりすることができるのですが、一度書き込んだものはなかなか消えないのです。

実際、このような情報漏洩は過去に報告されており、メディアに取り上げられたことも少なくないのですが、2002～2005年にかけてはとくに多数発生していました。

パソコンを使っている人は、日常的にファイル操作をしているはずです。文書ファイルを作ったり、画像ファイルを削除したりしているはずですが、この「削除」がくせ者です。ウインドウズ（Windows）なら「エクスプローラー」を使ってファイルのコピーや消去などの操作ができ、ファイルを「消去」すればそのファイルはアイコンごとなくなってしまいます。が、ハードディスクなど記憶装置上にはデータが残っていることが多いのです。

コンピュータに詳しい人なら復元ソフトを使って復元することは難しくありません。

すべてのデータをクリアするときは、通常「フォーマット」という作業を行います。じつは、それでもデータは完全には消えないのですが、警察システムの廃棄品から情報が漏れたときには、そのフォーマットすら行わずに廃棄していたことがわかっています。

さて、この「フォーマット」という作業、少し詳しい人なら、フォーマットには「クイックフォーマット」と「標準フォーマット」があり、「標準フォーマットは時間がかかる」ということをご存じでしょう。実際に標準フォーマットをしてみると、ハードディスク上のデータを丁寧に消去し、いかにもまっさらな状態にしているような音がします。

では、「標準フォーマット」すればひと安心でしょうか。残念ながらそんなことはありません。「標準フォーマット」は論理フォーマットと呼ばれる種類のフォーマットで、時間がかかるのは、セクタエラー（ハードディスク上の不良部分）のチェックをしているからにすぎず、フォーマットするとファイルシステムなどに使われる一部の領域は上書きされますが、それ以外の大部分のデータはしっかり残っています。

また、ＳＳＤ、ＳＤカードなどのフラッシュメモリは、書き込める回数が決まっているため、消去のやり方がハードディスクとは異なっています。できる限りデータを消さないようにしているため、ハードディスクよりデータが残りやすくなっています。

では完全にデータを消去するにはどうしたらいいのでしょうか。故障していないハードディスクやＳＳＤなら、「削除専用ソフト」を使えば復元できないようにすることができます。ただし、標準フォーマットにかかる以上の時間がかかるのを覚悟しないといけません。それより手っ取り早いのは、記憶装置を物理的に破壊することです。ハードディスクやＳＳＤを物理的に粉々にしてしまえば、記憶装置として再利用することは容易にはできず、データそのものは残っていますが、コンピュータから読み取ることはできません。

ちなみに、ハードディスクやＳＳＤを電子顕微鏡で見ると、記憶装置の状態を確認することができます。破壊されても、ジグソーパズルのように組み立てれば、理論的にはデータの再構築が可能です。でも、そこまでする人は、貴重なデータが入っていることを知っている人くらいなもの。まずいないと考えていいでしょう。

また、ハードディスクは磁気によってデータを読み書きしているので、強力な磁石を近づけると記憶装置としての働きを破壊することもできます（ＳＳＤは磁気記憶装置ではないため、磁気による破壊はできません）。

こうした技術的な問題のほかに、廃棄を任せた社員などが無断で中古品店に売ってしまったり、インターネットオークションに出品してしまったりすることもありえます。そういう場合、データの消去が杜撰(ずさん)だと情報流出リスクを高めることになります。企業では複数人で相互にチェックしながら廃棄を進めるなど、誰かひとりが悪さをできないようにする仕組みが必要でしょう。

なお、このようなケースでは、廃棄品でも立派な窃盗罪が成立します。捨てるものだからいただいても大丈夫だろうと、つい出来心でやってしまう人が多いようですが、過去にこうした事案で逮捕されたケースもあります。現場で廃棄を担当する可能性がある人は、そのことを覚えておいたほうがいいですし、現場を管理・監督する立場にある人は、それが犯罪であることを注意喚起して、抑止力が働くようにしておくのがよいでしょう。

あるいは、業者の廃棄サービスを使うのもひとつの手です。ただ、どこに落とし穴があるかわかりません。廃棄された食品が横流しされていた例があったように、廃棄したはずのコンピュータを悪用する業者がいないとも限らないので、業者の選定を慎重に行うのとあわせて、ときには廃棄作業に立ち会って、適切な廃棄が行われていることを確認することも必要です。情報というのは、本当に思わぬところから漏れてしまうものなのです。

第5章
ネット犯罪の手口

サイバー犯罪を取り締まる

個人を狙うにせよ、国家や企業をターゲットにするにせよ、日本では誰でも利用できるようになっているものを除いて、自分が利用する権限を持っていないコンピュータに通信ネットワーク経由でアクセスすることは、法律で禁じられています。

それが「不正アクセス禁止法」で、1999年8月に法案が国会で可決され、2000年2月に施行されました。主にインターネット経由でコンピュータが不正利用されることを防ぐために制定された法律です。

法律が禁じている「不正アクセス」とは、他人のIDとパスワードを使って（なりすまし）、あるいはセキュリティ・ホールを利用して他人のコンピュータに侵入することです。さらには、そのために他人のIDとパスワードを不正に入手したり第三者に提供したりする行為も禁じられています。

また、通信事業者が通信回線を傍受して情報を盗み見る、あるいは盗聴することは、「電気通信事業法」をはじめ、通信関連の各法で禁止されています。第2章でも触れましたが、日本は憲法で「通信の秘密」を定めており、それを保障するために「電気通信事業法」や「不正アクセス禁止法」などの法律で罰則規定を定めているのです。

ちなみに刑法でも、他人（企業や官公庁も含む）の業務を妨害する目的でコンピュータを不正に操作したりデータを改竄《かいざん》したりすることは禁じられていました。刑法の規定と不正アクセス禁止法の大きな違いは、刑法の規定が、ネットワークを介したコンピュータの不正利用を想定していなかったことにあります。1990年代後半以降のインターネットの普及を受け、インターネットを介した不正利用を処罰の対象にするために、不正アクセス禁止法が制定されたわけです。

さらには、前章で見たような産業スパイ行為は、「不正競争防止法」に定められた「営業秘密侵害行為」に該当しますし、インターネットの掲示板で虚偽の風説を流し、あるいは犯罪予告のような脅迫的な方法で他人の業務を妨害すると、刑法の「偽計業務妨害罪」や「威力業務妨害罪」に該当します。

このように、インターネットが当たり前の時代になったいま、インターネットを利用して悪事を働くことができないように、法律の網が張り巡らされています。

ところが現実のサイバー犯罪は、腕利きのハッカーであれば、まったく足がつかないように実行できてしまいます。法律で罪と定めていようと、犯人を捕まえるには証拠が必要ですが、さまざまな技術を駆使すれば、証拠を残さず、ネット経由で悪事を働くことができるのです。

言い方を換えれば、サイバー犯罪で捕まるのは、さまざまなミスを仕出かした人です。そもそもの技術や知識が足りないか、金や名誉、自己顕示の欲に駆られてやらないでいいことをやったがために足がつくか、思わぬ不注意で尻尾をつかまれてしまうかのいずれかでしょう。逆に、発覚していないケースは、ユーザーが気づかないあいだに完全犯罪が成功してしまったのかもしれません。

警察を手玉にとったパソコン遠隔操作事件

ではここで、彼らがどういうミスを犯して捕まったのか、いくつか例を見ていきましょう。最初の例は、数年前に世間を賑《にぎ》わせた「パソコン遠隔操作事件」です。

事件は2012年の夏から秋にかけて起きました。インターネットの掲示板に、数々の殺害や爆破などの予告が書き込まれたのが事件の発端です。そうした予告を受けた地域の警察が「威力業務妨害」や「偽計業務妨害」事件として捜査を進めたところ、6名の人物が捜査線に浮上し、そのうち4名が逮捕されました。

警察が逮捕に踏み切る証拠として使ったのが、「IPアドレス」と呼ばれる情報です。すでに紹介しましたが、これはインターネットに接続する機器に割り当てられる住所（アドレス）で、パソコンにせよスマートフォンにせよ、インターネットを利用している端末には、必ずこの「IPアドレス」があって、ウェブサイトを見たりメールを送ったりすると、アクセス先、あるいは中継途中のサーバーに、どの「IPアドレス」からアクセスがあったかの記録（ログ）が残ります。

これを足がかりにして、クルマのナンバーから持ち主を割り出すのと同じように（厳密には手順が異なりますが）、該当する「IPアドレス」の利用者を割り出すことができたのです。

その仕組みを簡単に解説すると、「IPアドレス」はプロバイダ（インターネット接続事業者）ごとに割り当てられています。そのため、「IPアドレス」が判明すればどのプロバイダの利用者からのアクセスだったかがわかります。プロバイダ内部のシステムでは、どの利用者がどの「IPアドレス」を使っているかをやはり記録として残しています。この2つの情報をつなぎあわせることで、「IPアドレス」と利用者を紐《ひも》づけることができるのです。

こうして警察は、「IPアドレス」が「動かぬ証拠」だと判断し、容疑者を割り出して逮捕に踏み切ったわけです。

ところが逮捕された容疑者は、いずれも「身に覚えがない」「自分のパソコンが不正アクセスされた」という趣旨の供述をします。そして、そのとおり誤認逮捕でした。

それが誤認逮捕であることが判明するのは、「真犯人」を名乗る者から複数回にわたり、犯行声明メールが報道機関や弁護士宛に送られてきたためです。それによると、真犯人は逮捕された容疑者たちのパソコンに「不正アクセス」し、前章で紹介した「トロイの木馬」と呼ばれる「マルウェア」を仕掛け、そこからさまざまな掲示板に予告を書き込んでいたということです。

2013年1月1日に送られてきた何度目かの犯行声明メールは、警察をバカにしたようなクイズ形式のものでした。そのクイズを解いていくと「雲取山《くもとりやま》に、犯行に使ったプログラムの資料を保存したUSBメモリを埋めた」という情報に辿《たど》り着きます。

雲取山は、東京・埼玉・山梨の境に位置する2017メートルの山です。冬、雪が降しきるなかで警察が該当する地点を捜索したのですが、記憶媒体を発見することはできませんでした。

すると、数日後、またしてもクイズ形式の犯行声明メールが送られてきます。そのクイズを解くと、今度は「江《え》の島《しま》(神奈川県)の猫につけた首輪に、プログラムの資料を保存したマイクロSDカードをつけた」という情報が得られました。同日に日本テレビの記者が発見し、警察が猫の首輪を確保して、ようやく記憶媒体を回収しました。

脆くも崩れた「完全犯罪」

真犯人が捕まえられたのは、それから1ヵ月後の2013年2月10日のことです。でも、回収した記憶媒体から犯人を特定する証拠が見つかった、というわけでも、ネットから足がついたわけでもありません。逮捕の決め手になったのは、江の島に設置されていた防犯カメラと自動車などのナンバーを監視する「Nシステム」です。世間を騒がせようと欲をかいたのか、自身が送りつけた犯行声明をきっかけにしてリアルの世界で足がつき、身元を割り出されることになったのです。

最初に警察が真犯人につながる糸口を摑《つか》んだのは、江の島の防犯カメラの解析でした。映像から不審な行動をする人物（男性）が見つかります。捜査を進めると、その人物は過去にネット上の掲示板に殺害予告を書き込み、脅迫などの容疑で逮捕され実刑判決を受けていることがわかりました（一般に「のまネコ事件」「のまネコ問題」として知られています）。2013年当時、都内のIT企業に勤めていたこの男性は、以前に逮捕されたときの反省を踏まえたのでしょう。今回の事件では、ネットに足跡を残さないように周到な準備を重ね、なかなか尻尾を摑むことができなかったのです。

もうひとつの決め手になる「Nシステム」からも、その人物による犯行を裏付ける証拠が見つかりました。都内から冬の雲取山に行く道は、ほとんど1ヵ所しかないのですが、その道に設置された「Nシステム」に、その人物のバイクのナンバーが写っていたのです。

さらには、都内から江の島へ向かうルートでも、「Nシステム」で真犯人のバイクのナンバーが確認されました。過去に同様の犯罪歴のある人物が、事件のカギを握る2つの場所に足を運んでいることから、警察は逮捕に踏み切ったわけです。

一時は保釈を勝ち取ったのに……

この事件はこれで終わりません。真犯人の名前を仮にKとしましょう。Kは逮捕されてからも、「自分が犯人ではない」と頑《かたく》なに主張していました。逮捕されたのが2013年2月10日。警察はそこから取り調べを重ねますが、有力な証拠を見つけることができないまま、2014年3月に一時保釈が決定します。

しかも、前後して開かれていたKの裁判中に、「真犯人」を名乗る人物から犯行声明メールが届きます。K本人は法廷に出廷している以上、犯行声明を送ることはできないはずです。これでメディアは「誤認逮捕だ」と騒ぎたて、事件はまたしても振り出しに戻ったかに思われました。

ところがこのメールも、公判に出廷中のKによる偽装工作であったことが判明します。それが突き止められたのは、やはりリアルの世界でのことでした。

保釈中もKに対する監視の目を緩めることがなかった警察が、Kの奇妙な行動を目撃します。都内を流れる荒川河川敷で何か不審な動きをしていたのです。

後の捜査で判明したところによれば、Kは裁判の合間に秋葉原に行き、スマートフォン本体と匿名で利用できるSIMカードを購入していました。そして、メール送信予約機能のあるアプリを使い、自身の公判中に「真犯人」が別にいるかのような犯行声明メールを送りつけたのです。

警察が河川敷を調べてみると、土に埋まったスマホが見つかり、端末には「真犯人」からの犯行声明メールの全文が残っていました。そして、端末本体からはKのDNAが検出されたのです。

この偽装工作が発覚したことをきっかけに、それまで一貫して無罪を主張していたKも、一転して犯行を認める供述を始めました。決定的な証拠は本人のDNAがついたスマホだったのですが、Kのほうは、「送信したメールのパスワードに、自分のみが知っているものを使ってしまったから」と認識がずれていました。ネットのなかでは、ほぼ「完全犯罪」を成し遂げるところだったのに、リアルの世界で取り返しのつかないボロを出してしまったのです。

その後、2015年2月には裁判が結審し、世間を賑わせた事件に幕が下ろされました。東京地方裁判所は威力業務妨害やハイジャック防止法違反（空港の爆破予告も行っていたため）などの犯行を認定し、懲役8年の実刑判決を下しました。

この事件は結局、真犯人の自己顕示欲が仇《あだ》となり、リアルの世界での数々のミスが重なって「完全犯罪」が脆《もろ》くも崩れた例です。江の島でネコに首輪をつけるにしても、防犯カメラがないところを周到に選んでいれば、身元が割れることがなかったでしょうし、雲取山や江の島に行く際に、クルマではなく電車やバスなどの公共交通機関を使っていれば、結果はまた違ったものになっていたかもしれません。

まあ、鉄道の駅にも防犯カメラが設置されているところがあるので、電車でも足がついていたかもしれませんし、この本は「完全犯罪のススメ」が趣旨ではないので、これ以上の深掘りはやめておきましょう。

ともあれ、ネットの世界のなかだけなら足跡を消すことも可能ではありますが、そこに人間が介在すると、本人が気づかぬところで足跡が残っているものです。サイバー犯罪は、リアルの世界の証拠から足がつくことが多いのです。

ネットで隠れてリアルを隠さず

続いて紹介するのは、ソフトバンクが「ADSL」という通信技術で当時としては高速・大容量のブロードバンド・インターネットに参入してきたころの話です。

2000年代前半、同社は電話回線を使ってインターネットに接続する「ADSL」サービスを、「ヤフーBB（Yahoo! BB）」というサービス名で提供していました。当時、「ヤフーBB」のロゴのついた赤い法被《はっぴ》を身にまとった販売員たちが、ADSLサービスで使う「モデム」という機器を街角で配っている光景を見たことのある人もいるでしょう。ソフトバンクは劇的な安さでADSLサービスを提供し、インターネットの接続料金に価格破壊をもたらしました。

2004年2月、「ヤフーBB」の登録者約450万人分の個人情報が漏洩《ろうえい》していることが発覚しました。後に逮捕されたのは、「ヤフーBB」販売代理店の元役員たちです。容疑は、盗んだ個人情報と引き換えにソフトバンクから30億円を脅し取ろうとした恐喝未遂でした。

このときもやはり、リアルの世界の証拠が逮捕の決め手になりました。

実行犯のひとりはシステム管理をしていた人物です。顧客情報管理システムにアクセスできる権限をもともと持っていて、共犯者の元大学生とともに犯行を画策し、安全な場所に顧客情報をアップロードしました。場所は、新宿某所の韓国系インターネット・カフェ。

ソフトバンクの社内システムの記録を解析すると、不正アクセスを行い、顧客情報を抜き取った端末の「IPアドレス」が判明しました。続いてその「IPアドレス」が誰に割り当てられているかを調べると、「犯行現場」であるネットカフェに辿り着き、店内の端末まで割り出すことができました。後は、犯行時刻にその端末を利用した防犯カメラを調べて人物を特定し、逮捕に至ったというわけです。逮捕された犯人に聞いたところ、韓国系のネットカフェなら言葉も通じないし警察は追跡できないと思ったそうです。

リアルの世界から足がついたケースとして、こんな事件もありました。

岡山県の住宅地で、明らかに不審な行動をしている人がいました。通報で駆けつけた警察官が問いただすと、他人の家の無線LANをタダ乗りして別の犯罪をしていたのです。

ちなみに、他人の無線LANを勝手に使うことが犯罪に該当するかどうかは、法律的に微妙な問題です。無線LANを使うには「アクセスポイント」という無線を飛ばす機械が必要で、無線LANを使う場合、普通は誰もが勝手に使えないように、パスワードを設定します。

ところが、ときにはパスワードが設定されていないケースもあり、その場合は誰もが自由に使える状態になってしまっています。それで他人に無線LANを使われたとしても、法律上、保護の対象にはなりません。

判断が難しいのは、パスワードを設定しているにもかかわらず不正に利用されたケースです。「不正アクセス禁止法」は、他人のIDやパスワードを使って他人のコンピュータ（情報機器を含む）に不正に侵入することを禁じていますが、無線LANを使用するパスワードを不正取得してタダ乗りするのは、「アクセスポイント」に侵入しているとは言いがたいからです。

この点は長いあいだ法律上「グレー」な領域と考えられていましたが、2015年6月、議論に一石を投じそうなできごとがありました。無線LANのタダ乗りをひとつの容疑として、タダ乗りした無線LAN経由で他人のパソコンに不正アクセスを繰り返していた男性が逮捕されたのです。警察は、無線LANのパスワードが、電波法が規定する「無線通信の秘密」に該当するという解釈をし、立件に踏み切ったわけです。

家庭で無線LANを利用している方は多いと思いますが、知らないあいだに犯罪の片棒を担いでいた、ということにならないように、気をつけなければなりません。

犯罪捜査も「ビッグデータ」の時代に

サイバー犯罪は、リアルの世界との接点から足がつくケースが多いと言いましたが、もちろんサイバー犯罪のなかには、ネットの捜査だけで検挙できるケースもあります。

そのとき、最有力な手掛かりは、先ほどから何度も登場している「IPアドレス」です。「IPアドレス」の割り当て情報は公開されており、WHOISというサービスにより誰でも検索することができます。その先は、日本国内からのアクセスであれば、捜査機関がプロバイダや携帯電話会社に照会すると、問題の「IPアドレス」を使用していた契約者を突き止めることができるのです。

「IPアドレス」を手掛かりにして犯罪捜査が解決に向かったのが、2012年10月から1年あまりの期間、断続的に発生した「黒子のバスケ脅迫事件」です。

これは集英社のマンガ『黒子のバスケ』の作者（藤巻忠俊さん）や関係先各所に対し、インターネットの掲示板への書き込みを含め、数々の脅迫文が送りつけられた威力業務妨害事件ですが、警察はインターネットの掲示板のアクセス記録をシラミ潰しに探して、一人の人物に辿り着きました。

「データベース」と聞いて一般の方が思い浮かべるデータより、ケタ違いに大規模なデータをビックデータといいます。これを活用し、膨大なデータを解析・活用することで、従来になかった新たな価値を生み出したり、さまざまな課題を解決したりすることが期待されているのですが、このとき、警察が行った操作は、まさにビックデータの活用といえるものでした。

インターネットの掲示板には、膨大なアクセスがあります。そのサーバーのアクセスログ（記録）から、特定の「IPアドレス」を割り出したのは、新時代の「ビッグデータ系犯罪捜査」と言っていいでしょう。

「ＩＰアドレス」以外にも、第1章で見たようなダダ漏れ個人情報が犯罪捜査に使われることもあります。

たとえばフェイスブックは個人の情報を世界に向けて公開するものなので、そこに頻繁に書き込んでいると、過去の行動や発言が捜査の対象になりえます。投稿を友人限定で共有している場合も同じで、その友人が捜査機関に情報を提供すれば、過去の行動や発言が明らかになることに変わりはありません。

フェイスブックのほか、ミクシィやＬＩＮＥ、ツイッターなどのＳＮＳは、捜査関係者にとっては有用な情報を提供してくれているようなものです。勤務先や学歴などが登録されていれば、それで身元がわかりますし、それらを秘密にしている人でも、誰と友人関係にあるか、おおよそのことは把握できてしまいます。

さらには、自分が登録したのを忘れているサービスから判明することもあります。ネット上にはさまざまな「名簿」が転がっているので、そうした情報から過去の人間関係が明るみに出ることもあります。

この情報ダダ漏れ時代、自分の情報は思わぬところに転がっています。悪事を働こうと、周到な準備をして、自分の存在を消せたと思っても、どこからか漏れてしまうものなのです。

ここまでの話をまとめておきましょう。

サイバー犯罪で逮捕されるケースはだいたい決まっています。いちばん単純なのは、「IPアドレス」から身元が割れるケースです（黒子のバスケ事件、あるいはパソコン遠隔操作事件の誤認逮捕）。

なんらかの方法で「IPアドレス」から身元が割れるのを防いだとしても、「パソコン遠隔操作事件」のように自己顕示欲に駆られて目立つ行動をすると、さまざまなところから足がつくことがあります。最近では町のあちこちに防犯カメラがありますし、足跡から靴のモデルを割り出されたり、ちょっと触れたものからDNAを抽出されたり、自動車ならNシステムに記録が残されていたりと、個人につながる情報の痕跡を、気づかぬうちに残すことになるのです。

たとえば、サイバー犯罪で得たお金を、金融機関を通じて取り引きするのも、あっという間に捕まるひとつのパターンです。国内なら怪しいお金の動きがあれば金融機関の協力ですぐに身元が判明するし、海外でも日本と捜査協力のある国ならお金の流れを追跡できます。ATMを使うにしても、いまやどのATMもカメラが設置されているので、犯罪者が自ら捜査機関に証拠を残しに行くようなものです。

ただ、興味深い例をひとつ紹介しておきましょう。

警視庁のイスラム系国際テロ調査情報が外部に漏れた事件がありました。これはおそらく警視庁内部の人間の犯行と目星はついているのですが、「中の人」だけに捜査方法を熟知していて、証拠らしい証拠がまったく見つからず、捜査の糸口すらつかめずにいるようです。この事件の動機は政治的なものと見られていますが、逮捕できていない以上、詳しいことはわかっていません。

もうひとつ日本の警察機関が苦手とするのは、捜査協力のない国からサイバー犯罪を仕掛けられるケースです。第4章で触れた日本年金機構の情報流出事件は中国のハッキング組織による犯行と考えられていますが、日本と中国は捜査協力関係になく、捜査は難航しています。犯人がわかったとしても、何も手出しができないのです。ほかにも、官公庁が被害を受けている海外からのサイバー攻撃は、ほとんどが未解決です。

ネットに足跡を残さないことはできるか

さて、自分の情報が漏れるのを防ぐために、「ＩＰアドレス」から身元を割り出されない方法をいくつか見ておきましょう。ただし、くれぐれも悪い目的で使わないようにしてください。

①無料で使える「公衆無線ＬＡＮ」を使用する

「公衆無線ＬＡＮ」というのは外出先から利用可能な、無線ＬＡＮ経由でのインターネット接続サービスのことです。少し前までは通信事業者が有償で提供するサービスが主流でしたが、最近では駅や商業施設、自治体などが、無償でサービスを提供するところが増えています。

「公衆無線ＬＡＮ」は、不特定多数の人がひとつの無線ＬＡＮのアクセスポイント経由でインターネットにアクセスします。そのため、「ＩＰアドレス」が突き止められても、誰がそのＩＰアドレスを使ってインターネットにアクセスしていたかを必ずしも突き止められるわけではありません。

ただ、公衆無線LANサービスのなかには、事前のユーザー登録が必要なものもあります。その場合は、IPアドレスと登録ユーザーを結びつける記録（ログ）が残っており、そこから身元が判明してしまいます。

犯罪者の場合、無線LANのアクセスポイントにログが残っていたり、事件捜査中に犯人が不用意に無線LANに接続してしまうと発覚し、検挙されるケースもあります。接続したパソコンやスマートフォンに記録が残っていることも多く、これを押収されると動かぬ証拠になるのです。

②他人の無線LANを利用する

これは先ほど紹介した方法です。ただし、先に触れたとおり、この方法は法律的にグレーであり、すでに逮捕者も出ています。この方法を使う（使っている）のは、やましい目的がある人たちでしょうが、犯罪に問われたくないのなら、やってはいけません。

それに、他人の無線LANを使っているからといって完全に身を隠せるわけではないことを付け加えておきましょう。無線LANは、物理的に電波の届く範囲にいなければならないという制約があるため、防犯カメラや近所の人の証言、電波探知などによって居場所を突き止めることも可能です。

ちなみに、他人に自宅やオフィスの無線LANをタダ乗りされるのを防ぐには、いくつかの方法が考えられます。

まず基本的なこととして、無線LANのタダ乗りや通信傍受を防ぐために、「暗号化」を設定し、パスワードで保護しておく必要があります。これをしないと、誰でもそのアクセスポイントからインターネットに接続できるので、他人に使われたり、通信を傍受されたりしても文句を言うことはできません（通信傍受は「通信の秘密」を侵す犯罪行為に該当しますが、この状態で傍受されても追跡はほぼ困難です）。

さらには、暗号化方式を十分な強度のあるものにする必要があります。世界的に認められた技術規格には複数の暗号化方式がありますが、このうち「WEP」と呼ばれる方式は脆弱性《ぜいじゃくせい》があることが広く知られており、使用しないことが推奨されています。

そのうえで、タダ乗りを防ぐひとつの方法は、アクセスポイントのパスワードを十分に長く複雑にすることです。入力が面倒だからと、数字4桁程度のパスワードにしてしまう人がいますが、それではなんのセキュリティにもなりません。

世の中にはさまざまな「パスワード解析ソフト」が出回っています。販売されているものから無料のものまでそろっており、普通のCPUではなく、画像処理用のチップ（GPU）を使用し、超高速で計算できるものまであります。無線LAN専用のものもあり、WEPという暗号化方式を有効にしたものであれば、1分もあればパスワードが判明してしまいます。

無線LANについて、ほかにできることといえば、電波の出力が変えられるものについては、第三者が無線の電波を拾えないように、電波の出力を弱くしておくことです（もちろん、自分が使いにくければ意味がないので、実用的な範囲で）。電波を感知できなければ、そもそも無線通信をタダ乗りされることはありません。

③海外の「プロキシサーバー」を利用する。

「プロキシサーバー」の「プロキシ（proxy）」とは、日本語で「代理人」を意味します。

「代理人」が本人に代わってさまざまな法律行為を行うように、「プロキシサーバー」は自分のコンピュータの代わりに通信を行います。

「代理」という言葉でイメージが湧きにくければ、「接続中継」という言葉で理解したほうがわかりやすいかもしれません。インターネット上のあるサービスにアクセスする際、自分のコンピュータから直接アクセスするのではなく、「プロキシサーバー」(接続中継サーバー)にまずアクセスして、そこから目的のサービスにアクセスします。そうすることによって、目的のサービスを提供しているサーバーから見れば、「プロキシサーバー」のIPアドレスからアクセスがあるように見えるため、本来のIPアドレスを見えないようにすることができます。

ウインドウズパソコンでは、「コントロールパネル」にある「ネットワーク」を参照すると、「プロキシ」という項目が見つかるでしょう。この設定を変えるわけですが、そのためには使えるプロキシサーバーを探さなければなりません。

つまり、IPアドレスを「偽装」するわけです。「偽装」というと、悪事を働いているような印象を持たれるかもしれません。たしかに悪いことに使う人もいるでしょうが、必ずしもそれだけとは言えません。

インターネット上のコンテンツやサービスには、世界中のどこからでもアクセスできると思っていませんか？　あるいは世界のどこにいても、同じ内容が表示されると思っていませんか？　現実はそうではありません。法律の違いやその他さまざまな理由で、アクセスできる国を制限しているコンテンツやサービスが少なくなく、また同じＵＲＬを入力しても、国によって表示される内容が違うことがあるのです。その際、アクセス元の地域の判定にはＩＰアドレスが使われています。

たとえば、中国のウェブサイトのなかには、国外からのアクセスを禁じているものもあります。そうしたサイトに日本からアクセスしようとしても、「お使いの地域からはアクセスできません」などと表示され、中身を閲覧することはできません。現地の通信販売を利用するときなどに、そうしたサイトにアクセスするためには、まず中国国内の「プロキシサーバー」にアクセスするようなことがありえるのです。

④最強匿名化手段「Tor《トーア》」

技術に明るくない人は、「プロキシサーバー」という言葉だけでお手上げかもしれませんが、さらに高度な方法として、「Tor」と呼ばれる匿名化手段を使う方法があります。

ここでは技術的な説明は省きますが、そのひとつの特徴は、最低3ヵ国を経由して目的のサーバーにアクセスすることになるため、オリジナルのアクセス元のIPアドレスは、ほぼ明らかになりません。

原理的には追跡可能なのですが、経由国すべての捜査協力が必要なうえ、「Tor」で中継されるサーバーではログ（記録）を取っておらず、他の手段で「Tor」の通信を特定し記録しておくことが必要で、膨大な手間や資金、そして協力体制が必要です。解決されていないサイバー犯罪の多くが、この「Tor」を隠れ蓑として使っていると推測されます。

この「Tor」のソフトウェアは、もともと米国海軍の研究所で開発されていました。通信が傍受されている国や地域での情報発信を安全に行うために作られたのですが、仕組み上、多くの人が参加しないと匿名化が確保できないこともあり一般に公開され、誰もが使えるソフトウェアになっています。

通信の秘密が確保されている日本人の感覚では、「悪いことをする人が使うもの」と思われがちですが、アメリカでは違います。たとえば、発信する情報が米国政府の諜報網にかからないようにするために、メディア関係者が使っていたりするのです。興味のある方は、「Ｔｏｒ」で検索してみてください。公式サイトから容易に日本語版を無償で入手できます。

　匿名性を確保するには便利ですが、開発費は寄付で賄われています。以前は政府の助成金に依存していましたが、中立性が保ちにくいこともあり。いまでは、銀行振り込みや、アマゾン、仮想通貨のＢｉｔＣｏｉｎ《ビットコイン》などさまざまな寄付手段が用意されています。「Ｔｏｒ」に関連するソフトウェアには、さまざまなものがあるのですが、そのひとつに「Ｔｏｒブラウザ」があります。これはネットケープ（Netscape）の流れを汲む「ファイヤーフォックス（Firefox）」を改造して作られており、普段使用しているブラウザとあまり変わらない操作感覚で利用できるようになっています。このブラウザは、接続元を匿名化する機能以外にも、グーグル検索からのプライバシーを守る手段など、さまざまな匿名化技術を搭載しています。

アクセスした人のプライバシーを守る「Ｔｏｒ」ですが、もちろん欠点もあります。その大きなものが、通常のウェブブラウザと比べて、表示が圧倒的に遅いこと。最低でも3ヵ国を経由して、地球を半周以上してから目的のサイトにアクセスするので、時間がかかるのです。

念のためもう一度言いますが、これらの匿名化技術を悪用してはいけません。くれぐれも、個人情報を護るためのみに使ってください。

第6章

「個人情報垂れ流し時代」の防衛術

ダダ漏れさせない基本対策

ブラウザを立ち上げただけで、スマートフォンの電源を入れただけで情報が漏れていくという現代の情報環境において、個人情報をいっさい漏らさずに生活するのは至難の業です。

ますます利用者が増えているSNS（ソーシャル・ネットワーキング・サービス）は、コミュニケーションツールとして生活に欠かせないものになっています。ですが、SNSに登録する情報は個人情報の塊で、SNSを利用する以上、自ら個人情報を垂れ流しているぐらいの意識は持っておくべきでしょう。

他人の個人情報を悪用しようと目論《もくろ》む人たちにとって、これほど恵まれた環境はありません。仮にインターネットやスマホを一切使わないことにしたとしても、同窓会の名簿を誰かにインターネットで公開されてしまうかもしれないし、企業や官公庁に登録した情報が、ハッキングされて流出する可能性もあります。

では、こうした環境において、どのような対策をすれば、情報のダダ漏れを防ぐことができるのでしょうか。

結論から言うと、情報が流出する可能性をゼロにすることは困難です。情報漏洩《ろうえい》時代に必要な対策とは、「個人情報は漏れるもの」と認識したうえで、流出していく情報をコントロールすることです。また、思わぬところで情報が漏れるのを防ぐために、基本となる対策がいくつかあります。ここではまずその基本から、ひとつずつ紹介しましょう。

①OSやソフトウェアのバージョンを最新にする

悪意を持ったウイルスなどのマルウェアは日々進化し続けています。OSやソフトウェアの脆弱性《ぜいじゃくせい》を狙い、利用者にわからぬよう巧妙に攻撃を仕掛けてきます。

それに対して、OSやソフトウェアも日々対策を続け、セキュリティの強化を図っています。報告されたセキュリティ・ホールの修正プログラムをつくり、マルウェアの攻撃から利用者を守ろうとしているのです。

パソコンとスマホのOSやパソコンのソフト、スマホのアプリは、標準的な設定では、プログラムが修正されれば自動でアップデートされるようになっています。ときには再起動が必要になり、不便さを感じることがあるかもしれませんが、修正プログラムの更新を怠ると、弱点を晒《さら》したままの状態になってしまいます。

インターネットを使うのであれば、ソフトウェアを常に最新バージョンに更新することは基本で最も効果のある対策です。とくにOSとウェブブラウザ、ブラウザの関連ソフト（Flash《フラッシュ》、Java《ジャバ》）の脆弱《ぜいじゃく》性は狙われやすいので、格段の注意が必要です。

②ウイルス対策ソフトを使う

ウイルス対策ソフトも必ずインストールしましょう。

ウイルス対策ソフト会社は、マルウェアの脅威をいち早く発見できるよう24時間体制で監視を続けています。一度報告された脅威にはすぐに対策を施せるよう、腕利きのエンジニアたちを集めています。

ただ、残念ながらウイルス対策ソフトはマルウェアに対し負け続けているのが現実です。向こうも攻撃を仕掛ける前に、マルウェアと検出できないことを確認してから出しているからです。

しかし、既知のものなら防げるので、ウイルス対策ソフトを常に最新の状態にしておく必要があります。

ウイルス対策ソフトはどれでもよいというわけではなく、それぞれ検出力や防御力、安定性といった性能が異なります。有償で販売しているソフトは、開発費がかけられるだけに、各性能が高くなっています。

③身に覚えのない添付ファイルやサイトは開かない

これは「標的型攻撃」への対策です。あなたが所属する会社や官公庁がサイバー攻撃の被害を受けないために、そして、あなた自身が被害を受けないために、添付ファイルを開いたり、リンクをクリックすることはとにかく慎重に判断しましょう。

差出人や文面に、少しでも「おやっ？」と感じるところがあれば、開くのは絶対にやめましょう。本当に必要なものだとしても、差出人に電話で確認してからでも遅くはありません。

④パスワードの管理を徹底する

ウェブサイトやメールをはじめ、インターネットのサービスを利用するには、ＩＤやパスワードは欠かせません。このパスワードが破られてしまえば、利用しているサイトから情報がダダ漏れてしまいます。

パスワードの管理が面倒だからと、あらゆるパスワードをすべて同じものにしている人も多いようですが、セキュリティの観点ではこれは最悪です。パスワードがひとつ漏れてしまえば、その他のサービスの情報もまるごと持っていかれてしまうからです。どんなに面倒でも、パスワードはできる限りサイトごとに変えましょう。

とはいえ、数多くのパスワードを覚えておくことは容易なことではありません。そのためのパスワード管理術を、続いてご紹介します。

漏洩と忘却を防ぐパスワード管理術

安全性を高めるために、利用するサービスごとにパスワードを変えたいけれど、そうするとどのサービスにどんなパスワードを設定したかわからなくなってしまう――。そうした懸念から、複数のサービスで同じパスワードを使っている人も少なくないことでしょう。リスクは高いけれど、面倒でつい……というのが誰しも陥りやすいパターンです。

そこで、パスワードを管理するために、情報の重要性をレベル分けすることをお勧めします。これも細かく分けすぎると複雑になってしまうので、3段階程度がいいでしょう。

レベル分けの基準は、そのサイトにどれだけ重要な情報やデータを預けているかです。パスワードのつくり方はこのあとで紹介しますが、重要度が高いものほどパスワードも強固なものにする必要があります。

①破られてもまったく問題ないパスワード

たとえば、メールマガジンへの登録などのように、個人情報をまったく登録しないサイトであれば、パスワードの強度にそれほど気を遣う必要はありません。覚えやすいものを設定しておけばそれで十分でしょう。

②破られても問題の少ないパスワード

このレベルに含まれるのは、たとえばソフトの利用者登録などのように、名前や生年月日など、個人情報の一部は登録するものの、仮にパスワードが破られてもそれほど大きなダメージを負わないものです。生年月日をそのままパスワードにするようなことは論外ですが、覚えやすさを優先してパスワードを設定しても、まあいいでしょう。

ただしその場合、覚えやすいからといって、次に紹介する③のレベルのパスワードと同じものにすることは絶対に避けましょう。大事な情報ほどよく使うので、③のレベルのパスワードは自然と頭に入ることが多いですが、先ほども触れたとおり使い回しは厳禁です。②のレベルのパスワードどうしであれば、使い回しもある程度は致し方ないかもしれません。

③絶対に破られてはいけないパスワード

さて、何がなんでも破られてはいけないのは、金融機関のログイン情報（ＩＤ・パスワードなど）です。これが知られてしまえば、資産状況が丸裸になるばかりか、オンライン操作でお金そのものを盗まれてしまいます。

これと同じレベルの機密情報に属するものは、メールサービスや情報発信に利用するSNSのログイン情報です。メールサービスは、ほかのサービスでパスワードがわからなくなったとき、パスワードをリセットするために使われることがよくあります。ということは、メール情報が盗まれると、何者かが本人になりすましてパスワードをリセットし、他のサイトにも侵入できてしまうのです。たとえば何者かがあなたになりすまして「爆破予告」をSNSに書き込むなどの犯罪行為を行えば、あなたが犯罪者にされてしまうかもしれません。

いうまでもなく、このレベルのものは、パスワードは強固なものに設定すべきだし、他サイトでの使い回しも厳禁です。

ソフトの力を借りる

絶対に破られてはいけない③のレベルで、複数のIDやパスワードを正確に覚えておくのは、やはり簡単なことではありません。だからといって、それをパソコンのファイルに書き込んだ場合、マルウェアによって流出してしまう可能性もあります。クラウドに預けてしまったら、公開しているのも同じです。

そういうときにお勧めなのが、パスワード管理用のアプリやソフトウェアです。サイトごとにＩＤとパスワードを保存できるだけでなく、破られにくいパスワードを自動でつくり出す機能があるものもあります。

あるいは、重要なものは紙に書いて保存するというのもひとつの手です。忘れるのが心配で簡単なパスワードを設定して、情報漏洩リスクを高めるぐらいなら、十分に強度のあるパスワードを設定し、それを書いた紙をきちんと保存・管理したほうがよほど安全です。

なお、パスワード管理用のアプリやソフトウェアで保存している情報が漏れたらそれこそ一大事です。アプリやソフトウェアにログインするためのパスワードは、十分すぎるほど複雑に、そして絶対に忘れないようにしましょう。そのパスワードは、電子的に保存するのではなく、紙に書いておくのがいいかもしれません。

パスワードに関してひとつ補足しておくと、オンラインバンキングのように重大情報を扱うサイトでは、数ヵ月おきにパスワードの変更を求められることがあります。毎日、変更することを求める金融機関もあります。そんなにしょっちゅうパスワードを変えるのは大変だと思っている人が多いでしょうが、強度が十分高いパスワードを設定しておけば、頻繁にパスワードを変える必要性は必ずしもありません。

強いパスワードの作り方

絶対に破られてはいけないレベルの十分に強度の高いパスワードは、次の2つのポイントを意識してつくります。

①数字とアルファベットの小文字・大文字、さらに記号（100ページ参照）を含む
②桁数を増やす

なぜこの手が有効なのか。それは、これまでも何度か見てきたように、パスワードの保存のされ方と、それを盗んで悪用しようとする側の手口と関係しています。

ウェブサイトなどでパスワードを入力しても、通常は暗号化して保存されており、人が見ただけではわからないようになっています（なかにはパスワードを暗号化していない脆弱なサ

イトもあります)。ところが、その暗号を破るため、すでに紹介したように「暗号解析ソフト」なるものが当たり前のように世の中に出回っています。このソフトを使えば、暗号化されたデータから元のパスワードを割り出すことができるのです。

暗号解析ソフトがまず試すのは、数字だけの組み合わせです。次に、よく使われるパスワードのデータベース(100万~1000万単語以上あることが一般的です)にある単語を試し、その次に数字と単語の組み合わせを試し、アルファベットと数字の組み合わせ、さらに記号を加えたものと、徐々に複雑なパターンを試していきます。

文字の種別が増え、桁数が増えるほど、組み合わせが複雑になり、パスワードの解読に時間がかかるので、暗号は強固になります。①と②の条件を満たすためには、最低でも12桁で、数字とアルファベットの大文字・小文字、記号を組み合わせたものにする必要があります。もちろん、桁数が長くなればなるほど強度は増します

ただ、サイトによっては、使える文字種別や桁数に制限があるところもあります。

そういう意味で厄介なのは、前述の「マイナポータル」のパスワードです。文字種別を数字とアルファベット大文字だけに限定し、6~16桁と桁数を絞ることが想定されている

のですが、パスワードに使える文字の種類が少ないのは問題だと言わざるを得ません。

こんなパスワードは絶対ダメ！

パスワード管理サービスを提供するアメリカの会社が、毎年「最悪なパスワード」ランキングを発表しています。その２０１５年版（２０１６年1月発表）を見てみると、こんなパスワードがずらりと並びます（カッコ内は前年度の順位）。

・1位　123456（1）　・2位　password（2）　・3位　12345678（4）
・4位　qwerty（5）　・5位　12345（3）　・6位　123456789（6）
・7位　football（10）　・8位　1234（7）　・9位　1234567（11）
・10位　baseball（8）

数字だけや日常的に目にする英単語だけのパスワードが目につきます。こういうものは、暗号解析ソフトの「パスワード解読辞書」にあり、一瞬で見破られてしまうため、パスワードとしてほとんどなんの役にも立ちません。

不正アクセスをしてほしいなら、こういうパスワードでもいいのかもしれませんが、そうでないのなら、絶対に避けましょう。

インターネットと安全に付き合う

インターネットを利用していると、会員登録したり、ダウンロードしたりする際に、個人情報を求められることが多々あります。その際、とくに深く考えることなく、情報を入力している人も多いかもしれません。

けれども、気軽に答えたアンケートなどから情報が第三者にわたることがあるのも事実です。そこで、情報が漏れることを前提にしたインターネットでの情報の出し方を考えていきましょう。

①インターネットでの買いものは必要最小限に

アマゾンや楽天市場など、インターネットでのショッピングは、生活に欠かせないものになっています。欲しいものがすぐに見つかるうえに、価格も店頭より安い場合が多く、即日か翌日に届くということもあって、これほど便利なサービスを使わない理由が見つからないほどです。

とはいえ、購入する際には、氏名、住所、電話番号、クレジットカード情報などが必要となり、その情報を提供しなくてはいけません。先方には必ずその情報が残ることになるのです。さらに、アマゾンなどでは購入履歴もすべて残されます。その人がどのような趣向の持ち主なのか、購買履歴から見えてくるものもあるでしょう。

そうした情報が、どのようなかたちで漏れ出してしまうかはわかりません。いくら気軽に買い物ができるからといっても、人に知られたくないものをむやみに通販サイトで買うのは避けるべきでしょう。

②電話帳をインターネット上に置かない

みなさんは連絡先をどのように管理しているでしょうか。私は前に触れたように、必要な連絡先だけをガラケーで管理しており、スマホで連絡先を同期したり、クラウドサービスに電話帳を保存したりすることはしていません。

住所や電話番号や、メールアドレスなどの重要情報は、個人情報のなかでも最重要なものです。パソコンでもスマホでも同じ情報にアクセスできるのは、たしかに便利ではありますが、私はその重要性と利便性を天秤《てんびん》に掛けた場合、利便性よりも情報を護るほうをとります。

みなさんに強制するつもりはありませんが、もしその情報が漏れたら、友人や会社の同僚などにも迷惑がかかる可能性があることを、気にとめておいたほうがいいでしょう。そのうえで、やはり利便性をとるというのなら、仕方ありません。

ただし、メールアドレスは悪用される可能性が高いので、注意が必要です。というのも、サイバー攻撃の第一歩として、メールアドレスが使われるケースが増えているからです。

本書ですでに触れた「標的型攻撃」です。

企業でも官公庁でも、重要な情報を管理する情報システムは、それ相応の防御態勢がとられていることが多く、そこを正面から突破するのは簡単なことではありません。そこでメールを入り口として、端末をマルウェアに感染させ、ネットワークを使って感染を広げようと試みるのです。

メールアドレスの情報は、次なるサイバー攻撃を生みかねません。被害者を増やさないためにも、メールアドレスの管理には神経質になったほうがいいでしょう。

③名前や住所の一部を変える

「情報は漏れて当たりまえ」だとさんざんお話ししてきましたが、これだけ便利になったインターネットサービスを使わないのももったいない話です。

そこで、漏れてしまうにしても、どのような情報なら漏れても大丈夫なのか、どこにどのような情報を出すか、それをしっかりと把握し、コントロールしておくことはとても大切なことです。

ネット上のアンケートに1回答えたくらいでは、それほど大きな被害をもたらすことはないかもしれませんが、それが集積し、さまざまな場所から漏れた情報の断片が紐《ひも》づけされてしまうと、個人の行動や嗜好《しこう》などが丸裸にされてしまう可能性もあります。そうしたことがないように、必要のない会員登録は避け、提供する情報は必要最小限にしておきましょう。ときには、名前や住所の一部を少し変える（仮名を使う）ことも有効です。

また、SNSなどで情報を発信する場合には、知人や友人しか見ないからといって、住所や氏名、家族構成、会社名や学校名など、出す必要がないものを安易に公表するのは避けるべきです。フェイスブックの規約やプライバシーポリシーに従えば（利用している以上従っていることになります）、一度投稿した情報は、設定レベルにかかわらず、誰がどう使ってもいいことになっています。

そこはけっしてプライベートな空間ではなく、全世界の人が見ることができる、半公共的な空間なのです。そのことを、常に自覚しておきたいものです。

"自分"のダミーを作る

ここから先は、ある意味とっておきの情報漏洩対策です。

インターネット上には、魅力的なサービスがあふれています。有名企業が提供しているものから、ベンチャー企業、さらには海外企業、個人など、その提供元はさまざまです。得体のしれないものも多数あります。なかにはとても役に立つものもあれば、悪意を持ったものも存在しているのも確かです。それを見極めることは一筋縄ではいきません。

信頼性に乏しい、大丈夫かどうかわからないウェブサイトに登録する場合に有効な自己防衛手段としては、自分を「実在しない人物として」登録するという方法があります。

「自分の身分を偽るなんて……」と良心の呵責《かしゃく》にかられる必要はありません。情報を盗みとろうとする側も、あの手この手でこちらを騙《だま》そうとしているわけですから、自分の身を守るのに必要な手段なのです。

実在しない人物として登録する場合には、事前にある程度のルールを決めておくといいでしょう。

あらかじめ考えておくと便利な項目には次のようなものがあります。

・氏名
・ふりがな
・性別
・生年月日

・メールアドレス
・いつも使うパスワード
・現住所
・郵便番号
・秘密の質問の答え（小学校時代のアダ名、母親の旧姓、小学校のときの先生など）

このほか、場合によっては、職業に関する次のような情報を求められることもあります。

・職業
・勤務先
・勤務先住所
・勤務先の従業員数
・携帯電話番号

こうして、〝自分の（存在しない）分身〟をつくっておくと、比較的安心してネット生活が楽しめます。ぜひ実践してみてください。

ただし、登録するサイトが、架空の人物でも問題がないかをよく見極める必要があります。たとえば、官公庁に提出するような文書に、架空名義は使えません。同様に、銀行口座やクレジットカードのような金融関連サイトも、実在の人物で登録する必要があります。

また、フェイスブックのような実名登録を推奨するSNSでは、架空の人物として登録してしまうと、友人知人とのネットワークをつくるという目的を果たせません。

臨機応変に使い分け、必要のないところでは〝もう一人の自分〟に活躍してもらうといいでしょう。

ただし、「存在しない分身」の取り扱いには注意が必要です。分身が自分と結びつかないようにしなければならないので、同じIPアドレスから（たとえばパソコン、同じネットワーク機器で）アクセスをしてしまったりすると、同一人物からのアクセスだとバレてしまい、分身を作った意味がなくなってしまうのです。

ブラウザを匿名で使うなら「Ｔｏｒ」がいちばんの解決方法です。ただし3ヶ国を中継するために遅いという問題が残ります。そこで、「クッキー」での追跡を防ぐ方法が各ブラウザに用意されています。クロームでは「シークレットモード」、マイクロソフトのエッジ（Edge）では「インプライベート（InPrivate）」、クロームのスマートフォン版では「シークレット＊タブ」、サファリ（Safari）では「シークレット」といった名前になっています（ここでは、シークレットモードと呼びます）。

ブラウザをシークレットモードで使用すると、開いていたタブやウインドウをすべて終了したとき、クッキーが破棄されて、通常のブラウザでは追跡できない状態になります。利用方法は簡単で、パソコンであれば、リンクを開くときに、右クリックボタンを押すと、シークレットモードで開くメニューが出てきます。

この方法でも発信元のＩＰアドレスは同じなので、本来のユーザーでログインすると容易に追跡されてしまいますが。

ネット広告をブロックする

ウェブサイト上の広告を邪魔だと思ったことはないでしょうか。業務で調べものをしているとき、動画広告が自動的に再生されたりすると、気が散るばかりか「遊んでいる」と誤解されかねません。

そういうときに役立つのが「アドブロック・プラス（Adblock Plus）」（以下、アドブロック）というブラウザのプラグイン（拡張機能）です。ウェブサイトの広告を表示しないようにしてくれるもので、クローム、ＩＥ、ファイアーフォックスなどパソコン用各種ブラウザに加え、アンドロイドやアイフォーンといったスマホにも対応しています。

実際、インストールしてみると、いくつかのサイトを訪れただけでほとんどの広告をブロックしており、効果の高さを実感できます。

ウェブ上の広告にはユーザー追跡機能が埋め込まれているのですが、アドブロックを使えば広告でのユーザー追跡を防ぐことができます。

アドブロックはサイト運営者に対し、広告を控えめにすることを求めています。そして、賛同する業者を「控えめな広告を許可」するリストに入れ、広告企業に費用を要求しています。グーグルなどでは「控えめな広告」がそのまま表示されるのです。

ただし、設定で「控えめな広告を許可」しないように設定することもできます。

わずらわしい広告が表示されなくなる、スマホ利用時には消費電力が少なくなる、などのメリットがあるアドブロックですが、いいことばかりではありません。ひとつには、広告を表示しないことでウェブページのレイアウトが崩れる場合があります。また、多くのウェブサイトは広告収入で成り立っていますから、広告が表示されないと収益が上がらず、サイトの運営そのものが立ちゆかなくなってしまいかねません。

さて、「アドブロック」は広告をブロックしてくれましたが、「グーグル・アナリティクス」のようなユーザーの追跡（トラッキングといいます）は止めてくれません。そこで「Ghostery《ゴースティ》」を紹介しておきます。広告のほか、分析のためのトラッキングを止めてくれるプラグインです。

利用には注意しなくてはいけないことがあり、「Ghostery」は利用者のウェブ利用履歴を販売しているのです。設定によって、利用履歴が収集されないようにすることもできますが、自分のプライバシーを守ろうとして、逆に侵害されてしまいかねないので、このような機能があるプラグインは、とくに気をつけておかなくてはなりません。

匿名で決済できる〝クレジットカード〟もある

ネットの通販サイトはどんどん増えています。自分が使うサイトが本当に信頼できるのか、判断に迷うことも少なくないでしょう。また、大企業だから必ずしも安全というわけでもありません。宅配サービスをともなうものは、自宅の住所を登録する必要もあり、情報が流出したときの影響が心配です。最近では、コンビニで荷物を受け取ることもできるようになってきましたが、自宅や勤務先の近くでなければ受け取りが不便なため、住んでいる地域等、ある程度の情報を提供するのは仕方ないと言えるでしょう。

通販サイトでもうひとつ心配なのは、クレジットカードの情報です。クレジットカード番号と有効期限、セキュリティコードが漏れてしまえば、簡単に悪用されてしまいます。その防止策になりうるのが、「Vプリカ」というプリペイド式の、〝クレジットカード的なサービス〟やローソンのチャージ式プリペイドカード「おさいふPONTA」などです。

Vプリカは「ネット専用VISAプリペイドカード」のこと。ショッピングに利用でき、最初の設定によりますが1枚につき3万円までの決済が可能です。「おさいふPONTA」

は、国内のＪＣＢ加盟店で、クレジットカードとほぼ同じ感覚で使えるカードで、チャージした金額の範囲内ならネットショッピングにも、リアル店舗にも対応しています。

いずれもクレジットカードとは違い、発行時に本人確認や審査といった手間もなく最小限の個人情報で使うことができるのがメリットです。

さらに、万が一不正利用されたとしても、被害は購入やチャージした金額分だけ。怪しいサイトや信頼のできないサイト、購入を知られたくないときなど、こうしたサービスを活用するのも、情報を守るためには有効な手段と言えます。

ただし、「おさいふＰＯＮＴＡ」は名前などを登録しなくても利用することはできますが、虚偽の情報で登録することは禁止されているので、注意してください。

ウェブメールは危険がいっぱい

第1章でグーグルがＧメールの内容を利用していることに触れました。

Ｇメールは、一般に「ウェブメール」と呼ばれるサービスのひとつです。自宅や職場などどこでも使えますが、それは同時に〝あらゆるところに重要情報を持ち出している可能性がある〟ということでもあります。情報セキュリティに敏感な企業では、メールが使えるのを会社のパソコンだけに限定するところも増えてきていますが、そのメールを転送してしまうと、セキュリティを強化した意味が半減します。しかも転送先がＧメールなどのウェブメールになっていたら……。グーグルがＧメールを分析していると明言している以上、機密に関する情報には使わないほうがいいと思います。

会社がメールの転送を禁じているにもかかわらず、転送したことによってメールの内容（会社の機密情報）が流出してしまった場合、解雇の理由になるかもしれません。

ではメールを安全にやりとりするにはどうすればいいのでしょうか。

究極の方法は、暗号化に対応したメールサーバを用意し、そのメールサーバ内だけで送受信を完結するようにするのです。送信先の相手にも、そのメールサーバ内にアカウントを作ってもらわなければなりませんが、こうすれば、メールサーバが外部から侵入されない限り、メールの内容が流出する危険性はありません。捜査機関であっても、誰に何を送ったのかがわからないのです。

実際、外部の協力会社にもメールアカウントを提供し、情報が外に漏れないようにしている企業もあるのですが、多額のコストがかかるので、メールサーバを自前で持っているのは政府機関や企業が中心です。

こういうレベルのセキュリティを、個人や一般企業に求めるのは無理があるでしょう。したがって、通常のメールのやりとりなら「情報が漏れても仕方がない」という覚悟を持たなければなりません。ただし、たとえば個人情報や、会社の重要な情報など、外部には知られたくない重要な情報を、メールの本文に書くのは絶対にやめてください。

よく使われる方法が、ファイルをZIP形式で暗号化して送る手法です。ウィンドウズならファイルのアイコンを右クリックすれば「zip（暗号化）」というメニューが出てくるので、これで圧縮して送付するのです。ただし、圧縮ファイルを解凍するための暗号を同じメールや別メールで送ってしまったら、意味がありません。容易に突き止められて、秘密がバレてしまいます。それを避けるためには、電話など別の経路で知らせましょう。

ただ、ZIP形式での暗号化には弱点があります。一度暗号を解いてしまったら、そのファイルはパスワードがなくても使えてしまうのです。より強固に保護したいのなら、ZIPファイルの暗号化ではなく、ワードやエクセル、PDF（アクロバット）といった、アプリケーションの暗号化を使うべきです。たとえばワードの場合、「ファイル」→「情報」→「文書の保護」でパスワードがかけられるので、これを使って送付しましょう。もちろん、パスワードを、メールとは別の経路で伝えるべきなのは同じです。

ちなみに、ZIPファイルやアプリケーションの暗号化にも十分な強度のパスワードが必要です。6桁以下のパスワードであれば一瞬で解読できるので、8桁以上で英数記号を混ぜたものにしてください。

もうひとつ、「公開鍵暗号化方式」を使ってメール自体を暗号化するという方法があります。PGP、GPG、S／MIMEなどいろいろな方式がありますが、いずれもメールの「受信者」は暗号化するための公開鍵を作成してメールの「送信者」に渡しておくか、誰でも入手できるところに置いておきます。同時に「受信者」は暗号化を元に戻すための「秘密鍵」を作成し、大切にしまっておきます。

「送信者」は、公開鍵を使ってメールを暗号化して送付。「受信者」は秘密鍵を使って暗号を解読し（これを「復号」といいます）、本文が読めるようになるのです。メジャーなメールクライアント（メールソフト）は、公開鍵方式の暗号化に対応しています。

非常に強力な方式ですが、送受信者ともに対応しており、鍵の作成などの設定が完了していないとメールを送ることもできないため、あまり普及しているとはいえません。でも、一度セットアップしてしまえば暗号化されたメッセージで安心してやり取りできます。

メールサーバに侵入されても、秘密を守ることができますが、ひとつ落とし穴があります。送信者名と宛先、件名が暗号化されないため、誰と誰が、どの話題についてメールをやりとりしているのか、わかってしまいかねないのです。

日本国内のサーバーを使っていると、警察がなんらかの理由でそのサーバーを捜査しない限り、勝手にメールをコピーされたりすることはありません。国内の大手通信事業者は通信の秘密を厳重に守っており、安易に覗いたりしないのです。ただし、メールの宛先に海外が入っていると、海外のメールサーバで保存されることになるので、安全とは言えなくなってしまいます。海外の諜報機関などからも情報を守る必要があるなら、メール本文の暗号化は必須です。

面倒くさい思いをすることなく、完璧に情報漏洩から防御してくれる――。そんな夢のような防衛法は、残念ながらありません。ここに紹介したような方法を使い分けて、情報防衛方法を身に着けてください。

各種設定には細心の注意を

第1章で触れたクラウドサービスに関して注意していただきたいところは、「設定」です。自分ひとりで使うのか、他の人とシェアするのか、不特定多数の人に公開するのか――。ちょっとした不注意で設定を間違えてしまうと、恥ずかしい思いをする可能性があるばかりか、訴訟を起こされてしまう可能性だってあるのです。

公開する範囲については、2度、3度確認する癖をつけましょう。これはフェイスブックやLINEなどでも同じです。

そのほか、オンライン型のカレンダーなど、ネット上のサービスを使っている場合、最悪の事態を想定して、「もしそれらの情報を全部知られてしまっても大丈夫か」と自問自答してみてください。「知られたら困る」という情報が含まれるのであれば、それは紙の予定表などに書いたほうがいいでしょう。

また、第1章で、グーグルは膨大な位置情報を蓄積しているという説明をしました。それを確認するには、あなたのアンドロイド端末で「マップ」→「タイムライン」と辿《たど》ってみてください。あるいはパソコンでグーグルマップを開き、「メニュー」→「タイムライン」をクリックしても同じです。

そこに、あなたのこれまでの行動記録が記されているはずです。時間の記録や、店名まで明らかになっていたりするので、驚かれるかもしれません。この情報は、基本的にはオーナーだけが閲覧できることになっていますが、端末を盗まれたり、ハッキング被害に遭《あ》ってアカウントを乗っ取られたりすると、流出してしまう可能性があります。勤務中にマンガ喫茶でサボっていたり、家族に内緒でデートしていたりすると、それがバレてしまいかねないのです。

アンドロイド端末で「位置情報」をオフにすることは可能ですが、それだけでは気休めにしかなりません。極端なことを言うと、アンドロイド端末を使ったり、グーグルのサービスにログインしたり、広告が出るサイトにアクセスしたりするだけで位置情報は流出していくのです。人物写真や特徴的な建物や風景の写真をＳＮＳで公開するだけで、あなたがどこにいるか、特定されかねません。食べたものや場所をリアルタイムで公開すると、より特定されやすくなります。

極端なことをいうと、位置情報を知られたくないのであれば、スマホや携帯電話を持ってはいけません。それどころか、電話、手紙も使ってはいけないのです。刑事ドラマなどで、それらを手がかりに犯人を追跡しているところを見たことはないでしょうか。でも、さすがにこれでは不便すぎますね。

前にも触れましたが、大漏洩時代のなかで、自分を守れるのは、最終的には自分しかいません。犯罪に巻き込まれたときには警察に訴えることもできますが、金銭的にも精神的にも、ダメージのほうが大きいでしょう。情報化社会は、情報がダダ漏れするのが当たり前の時代です。情報ダダ漏れ時代を大きな被害なく生き抜くために、情報の出し方をコントロールする術を身につけておきましょう。

おわりに

『Ｇｏｏｇｌｅが仕掛けた罠』というタイトルで綴ってきたこの本、企画の立ち上げ当初はまったく別のタイトルを想定していました、

グーグルがサービスを開始して以降、その影響で人びとのプライバシーに対する意識が大きく変わってきました。グーグルが広告ビジネスを拡大していくにつれて、ネット上では「個人情報」の概念が変わってきたのです。というより、グーグルが変えてきたと言えるかもしれません。

グーグルは最初、単なる「検索」の会社だと思われていました。それがバナー広告の「ダブルクリック」やモバイル広告の「AdMob《アドモブ》」、ウェブ解析の「Urchin」など次々と広告関連企業を買収し、業務の幅を拡大。同時に「ユーチューブ」、「ブロガー」といったメディア事業の買収も進め、ネット界のコングロマリット（複合企業）を形成して

います。

いまや、グーグルの全容を理解している人は、ほとんどいないでしょう。

グーグルの利用者の多くが無料でグーグルのサービスを使っていますが、それでも同社の広告ＡＰＲＵ（平均客単価）は年換算で45ドル（２０１４年第1四半期）と、同業他社を圧倒しています。グーグルの効率的な広告戦略が、このような結果を生み出しているのです。

この高い客単価は「他人のプライバシーを集め、適切な相手に売ることで生み出した結果」だとも言えます。オンライン広告は、プライバシーを奪えば奪うほど――その人の情報を集めれば集めるほど、ターゲットを絞って適切な広告を打てるようになるからです。

ブラウザの検索履歴、アンドロイドスマートフォンの位置情報や履歴、アプリ使用履歴といった重要情報がグーグルに握られている……。ネットを通じて、あなたの生活や仕事内容、そして考えていることまでもが把握されているのです。

いまではグーグルなしでは、満足にインターネットを使うことができません。インターネットは匿名性があるからこそ発展した、という論があります。いや、いまやフェイスブックに代表されるように、実名性の時代だという意見もあります。でも、一企業にここまで把握されてしまっていては、インターネットはほぼ実名制になってしまったも同然です。

グーグルはミッションとして「世界中の情報を整理し、世界中の人々がアクセスできて使えるようにすること」を掲げています。その文言自体はご立派なのですが、彼ら自身の目的を実現するために、強引な手法を使っていると言わざるを得ません。法の規制がかかる前に既成事実化して、文句が言えないようにするのもその一例です。

みんなが望むなら、このまま実名性に向けて突き進んでいくのもいいでしょう。でも、望んでいないとすれば、さまざまなかたちで抵抗していかなくてはなりません。本書がそのための重要な武器になってくれれば幸いです。

2016年3月

杉浦隆幸

杉浦隆幸［すぎうら・たかゆき］

1975年、愛知県岡崎市生まれ。東京理科大学中退。2000年、情報漏洩対策や調査を行うネットエージェントを設立。2004年、違法ダウンロードの温床といわれ、問題視されていたファイル交換ソフトWinny（ウィニー）の暗号解読に成功し、被害拡大を防いだ。2013年には経済産業省が主催したセキュリティ技術者のコンテスト「CTFチャレンジジャパン」で優勝するなど、その知識と技術力が高く評価されている。漏洩問題に関して新聞、雑誌にコメントを寄せるなど、啓蒙活動にも取り組む。

編集：大森　隆

Googleが仕掛けた罠

二〇一六年　四月六日　初版第一刷発行

著者　杉浦隆幸
発行人　菅原朝也
発行所　株式会社小学館
〒一〇一－八〇〇一　東京都千代田区一ツ橋二ノ三ノ一
電話　編集：〇三－三二三〇－五一四一
販売：〇三－五二八一－三五五五
印刷・製本　中央精版印刷株式会社

Printed in Japan ISBN978-4-09-825270-1